Für alle, die die Frage bewegt:

Liegt in allem, was geschieht, ein Sinn?

Symbole

und der Weg des Menschen

Spirituelle Grundlagen in der ZEIT des Wandels

Bibliografische Information der Deutschen Nationalbibliothek: Die Deutsche Nationalbibliothek verzeichnet diese Publikation in der Deutschen Nationalbibliografie; detaillierte bibliografische Daten sind im Internet über dnb.dnb.de abrufbar.

© 2024 Günter Jahn

Cover und Layout: Gerrit Jahn

Herstellung und Verlag: BoD – Books on Demand, Norderstedt

ISBN: 9-783759-759061

Inhalt

Einführung

Symbole

- als Zeichen, die in der einfachsten Art und Weise einem bestimmten Gehalt eine Gestalt geben
- wie eine Formel, die uns in konzentrierter Weise die Essenz von etwas erfassen läßt
- so daß wir nur dieses oder jenes Symbol zu betrachten brauchen, um einen komplexen Inhalt in seiner Reduzierung auf das Wesentliche zu verstehen
- in Klarheit, in verblüffender Einfachheit, mit wenigen Linien, deren Bedeutung wir erkennen können

In diesem Buch möchte ich versuchen, die Sinn-Deutung verschiedener Symbole – in einer persönlichen Auswahl – in Worte zu fassen mit dem Ziel eines tieferen Verstehens des Weges von uns Menschen auf dieser Erde. Denn Symbole können dazu beitragen, den Sinn menschlichen Daseins besser zu begreifen, können unserer Suche eine Richtung geben.

Dabei wird deutlich werden, daß wir alle auf dem selben Weg sind, unabhängig von verschiedenen Kulturen, verschiedenen Zeiten, Glaubensrichtungen, denn in einem erweitertem Verständnis sind wir alle Geschwister.

Möge also jeder sich auf seine Weise in Resonanz fühlen mit diesem oder jenem Symbol und damit dem näherkommen, was wir alle erstreben zu verstehen:

Wer bin ich?

Wer bin ich im Zusammenhang mit dem „Großen Ganzen"?

So kann die Selbstfindung Unterstützung erfahren – auf einfache, klare Weise – mit diesen Symbolen.

In einem zweiten Teil möchte ich dann über das Thema „Symbole" hinaus auf die Frage eingehen: Können wir nicht überall Zeichen, Hinweise entdecken, die uns geleiten auf unserem Lebensweg?

Wir brauchen uns nur wach und offen umzuschauen – das Leben hält vieles für uns bereit und läßt uns zu diesen und jenen Erkenntnissen gelangen, die uns den Sinn unseres Daseins umfassender verstehen lassen.

In diesem Sinne mögen wir das uns Entsprechende in diesem Buch erspüren.

Teil I: Symbole

1. Die Chakana

(gesprochen „Tschackana")

Dieses Symbol ist vor allem in den südamerikanischen Ländern wie Bolivien und Peru bekannt. Es ist Teil der indigenen Kultur der Anden, diesem nach dem Himalaya zweithöchsten Gebirgszug, der sich von Norden an der Karibik bis hinunter nach Patagonien und Feuerland erstreckt.

In Berührung mit diesem Symbol kommen wir zum ersten Mal, als wir mit einigen Teilnehmern unserer Meditationsgruppe eine Peru-Reise unternehmen und unsere Führerin, Isabel, auf einem kleinen Platz in einem dieser kleinen Dörfchen am Urubamba-Fluß („Urubamba" übersetzt aus dem Quechua, der Sprache der Inkas, = „Tal des Lichtes") mit unserem Bus anhält vor einem Denkmal – und was ist da dargestellt? Ein lebensgroßer Puma.

Das will sie uns erklären, und da fällt das Wort „Chakana". Denn, wie ihr auf der Zeichnung seht, sind diesem Symbol drei Tiere zugeordnet: unten die Schlange, in der Mitte der Puma und oben der Kondor, der größte Vogel Südamerikas (eine Geier Art).

Isabel erläutert dies so: „Diese drei Ebenen bedeuten, von unten nach oben, Vergangenheit, Gegenwart und Zukunft, bezogen auf den Menschen. Die Schlange lebt in der Erde, sie ist in der andinen Vorstellung

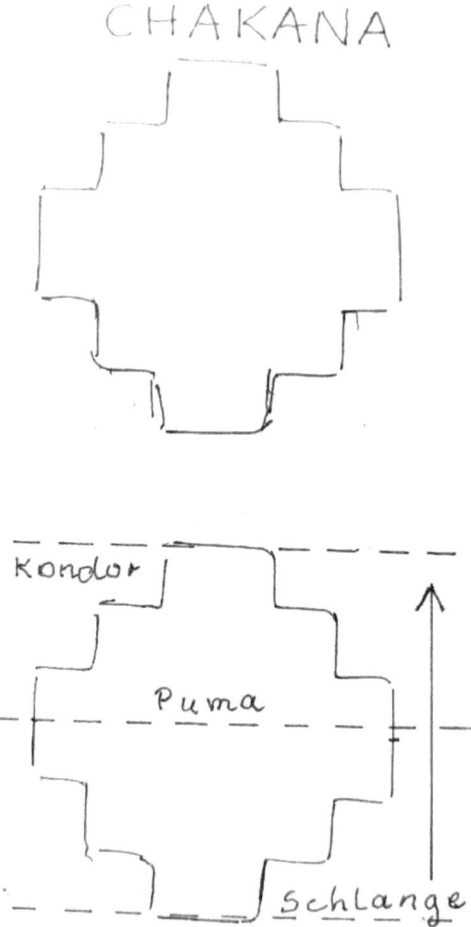

ein Symbol für Weisheit. (Also ganz anders, als wir dies hier in Europa verstehen.) In der spirituellen Deutung heißt das: Wir als Menschen gehen erst den Weg der Materie, mit all den Erfahrungen in unserem Körper auf dieser Erde, die uns zu Weisheit verhelfen, indem wir aus all den Erfahrungen lernen, zu einem erweiterten Verständnis gelangen, was der tiefere Sinn unseres Hierseins ist.

So viel also zur Schlange: Das irdische Leben hat zum Ziel, daß wir weise werden. Danach, aus der Vergangenheit in die Gegenwart: In der Mitte der Puma. Das bedeutet: „Wach und bewußt in der Gegenwart".

(Isabel erklärt uns dies alles nach und nach, ich fasse es hier zusammen.)

So, wie ein Puma, mit geradem, scharfen Blick nach vorne, immer auf dem Sprung ist (Vielleicht denken einige von euch jetzt an ihre Katze!), so sollten wir uns auch mit aller uns zur Verfügung stehenden Wachheit in dieser Welt erleben, geistig darauf ausgerichtet, ganz bewußt uns als Mensch zu erleben, in allem den Sinn zu erkennen.

Ihr merkt, da sind wir bei dem Titel dieses Büchleins, daß es nämlich um unseren Weg als Mensch geht, mit einer Zielrichtung.

Und dann könnt ihr auch schon die dritte Ebene verstehen: Der Kondor lebt als Vogel in einer höheren Sphäre, erhebt sich über die irdischen Begrenzungen der Schwere in die Lüfte, in freien Raum über uns.

So ist dies, im andinen Verständnis, eine Aufforderung, genauso wie der Kondor über das irdische Anhaften hinaus nach oben zu streben, im übertragenen Sinne in eine geistige Ebene.

Isabel erläutert dies mit schönen Worten, die in ihrem spirituellen Gehalt uns vertraut sind. So hören wir als Meditations-Gruppe genau zu, können Fragen stellen, und sie führt uns immer wieder zum Kern: Dem Menschen ist ein Aufstieg bestimmt, aus dem rein materiellen Denken, Fühlen und Handeln zu einem höheren Bewußtsein, in diesen drei Stufen: aus unserer Vergangenheit lernen, weise werden, die Gegenwart bewußt erleben mit all dem, was sie uns lehren kann, und dann sich nach oben wenden, hin zu dem uns als Menschen bestimmten Ziel, das Eins-Werden – wie auch immer wir dies formulieren wollen.

Isabel gebraucht sogar – womit wir in Resonanz sind – die Worte: „Bis wir uns schließlich eins fühlen in der Liebe Gottes".

So fühlen wir uns mit Isabel verbunden in diesem gemeinsamen geistigen Verständnis unseres Hierseins. Wir kennen sie aus früheren Reisen, bei denen sie bei unseren Lichtenergiekursen teilgenommen hat. So waren wir froh, als sie zustimmte, uns auf dieser Reise zu führen und mit der „Weisheit der Anden" vertraut zu machen.

Mit diesem ihrem schönen Schlußwort möchte ich auch dieses Kapitel mit der Chakana beenden. Denn über das bereits Gesagte hinaus bedarf es keiner weiteren Erläuterung. Ein Symbol will ja uns in einer komprimierten Form einen geistigen Inhalt vermitteln, der sich dann in uns verankern kann als eine weitere Erkenntnis.

2. Das Symbol der Sonnenbruderschaft

„Ich möchte euch etwas schenken!" – Regia, Antons Frau, hält uns ein großes Tuch entgegen mit dem Symbol der Sonnenbruderschaft. Nur zu gerne nehmen wir es in Empfang, sie überreicht es uns feierlich, denn dies ist schon etwas Besonderes, und wir verstehen dies Geschenk auch als eine Bestärkung unserer Jahre währenden engen Freundschaft.

Regias Mann, Anton Ponce de Leon, hat im Jahre 1974 die „Sonnenbruderschaft" gegründet, nach einer intensiven Zeit innerer Vorbereitung durch seine „Alten Weisen". – Wir haben eines seiner Bücher aus dem Spanischen ins Deutsche übersetzt mit dem Titel: „Der Weise vom Heiligen See" (damit ist der Titicacasee gemeint).

Was unter dieser Gemeinschaft zu verstehen ist, ist uns nach und nach vertraut geworden: eine „Schule des Lebens" auf zutiefst spiritueller Grundlage mit dem ethischen Anliegen, ein Kinderdorf zu gründen für Waisenkinder. Dies erhielt den Namen „SAMANA WASI", was in der Quechua-Sprache (ausgesprochen „Ketschua") der Nachkommen der Inkas, „Haus der Ruhe" bedeutet.

Anton hatte seinen wohldotierten Posten beim Fernsehen nach seiner inneren Berufung durch die Einweihung in die „Weisheit der Anden" von Seiten seiner „Alten Weisen" aufgegeben, bei Nichts angefangen und nach und nach SAMANA WASI entstehen lassen, bis es schließlich dreißig Kinder waren, die hier in liebevoller Weise aufgenommen, betreut, ausgebildet und so Teil einer geistigen Gemeinschaft wurden.

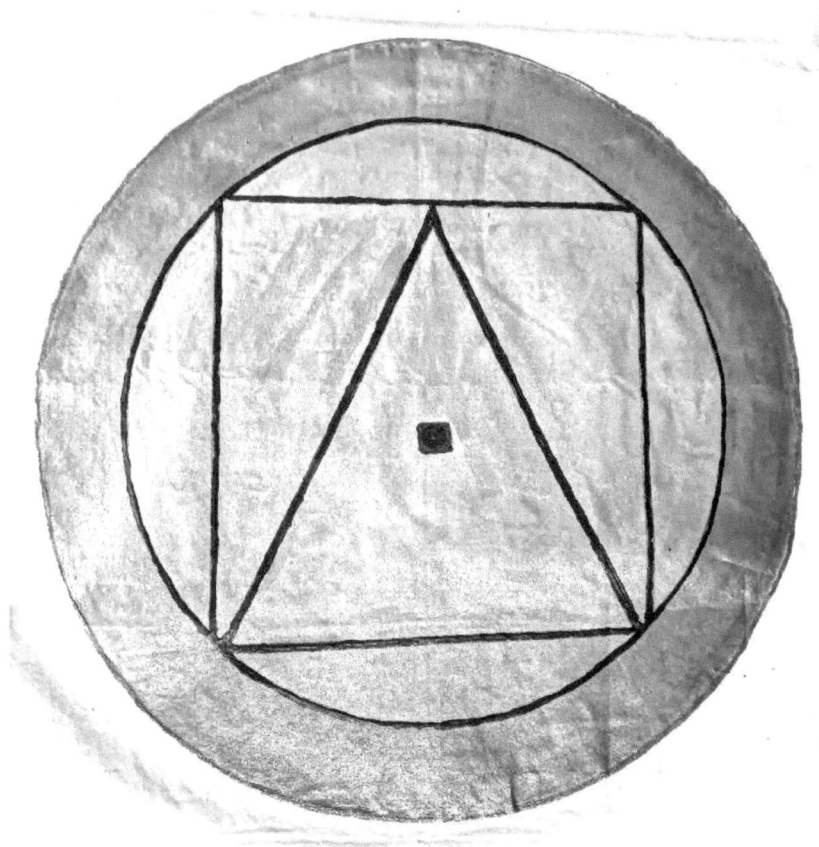

Wir hatten das Glück, auf unseren Besuchen dort bei Regia und Anton diese Entwicklung miterleben zu können und haben selbst auch teilgenommen an den Einweihungswochen, in denen die Teilnehmer aufgrund von Antons tiefem Wissen zu einer Erweiterung hingeführt werden hinsichtlich dessen, was „Leben" in einem spirituellen Sinn bedeutet.

Und damit sind wir bei dem Symbol, das uns Regia so freudestrahlend überreicht. Denn darin ist zusammengefaßt, was sich auf den Werdegang des Menschen bezieht.

Der Mittelpunkt – das sind wir in unserem Kern, dem Lichtfunken in unserem Herzen, vom Schöpfer uns allen mitgegeben. Das Quadrat rundum: Das sind die irdischen Bedingungen, das ist diese unsere Welt mit ihren Begrenzungen, darin bewegen wir uns, handeln entsprechend unserer Möglichkeiten, stoßen an Grenzen, erleben Prüfungen, lernen aus unseren Erfahrungen.

So erläutert Regia uns die Bedeutung dieses Symbols, das sie mit diesem Tuch in unsere Hände legt, gewissermaßen uns „anvertraut".

Und das Dreieck: Das hat eine Richtung, strebt mit der Spitze nach oben – während das Quadrat starr und unbeweglich einen Rahmen darstellt – so weist uns das Dreieck auf unsere Aufgabe hin: Nicht in den Begrenzungen des Irdischen verhaftet zu bleiben, sondern nach oben zu streben, uns unserer geistigen Bestimmung bewußt zu werden und diesem Lebensziel anzunähern.

Vielleicht merkt ihr die Beziehung zu dem vorigen Symbol, der Chakana: Da ist der Kondor in der höheren Ebene, der diese Aufforderung versinnbildlicht.

Es wird wahrscheinlich noch öfter vorkommen, daß wir auf Übereinstimmungen innerhalb der sieben ausgewählten Symbole stoßen werden. Das ist ganz natürlich, da allem ein gemeinsames Verständnis zugrundeliegt, egal, in welcher Kultur, auf welchem Kontinent. Wir sind alles Menschen, oder – wie Anton es bei jedem Vortrag formuliert – „Wir alle sind Geschwister".

Jetzt fehlt bei der Erläuterung des Symbols noch der Kreis außen herum: Ganz einfach, das ist das Allerweiteste, das, was uns alle umgibt – der Kosmos, in dem alles einbeschlossen ist. Wir können es auch „die Schöpfung" nennen, je nachdem, ob wir einen spirituellen, religiösen oder naturwissenschaftlichen Begriff gebrauchen wollen.

„Kosmos" bedeutet im Griechischen „Ordnung" – also die Ordnung, ohne die nichts bestehen könnte, die Grundlage allen Seins, der göttliche Plan, der Schöpfergedanke, in dem alles enthalten ist.

„Chaos" als Gegensatz zu „Ordnung" würde sich selbst zerstören; ohne diese Ordnung existiert nichts, von den Galaxien bis zu den Zellen unseres Körpers, in allem ist der waltende Wille Gottes.

All diese Worte können sich dem Geheimnis der Schöpfung, diesem Mysterium, nur annähern; ihr könnt es in euch anders formulieren, anders erfassen, jeder nach seinem bis zu diesem Lebensmoment gewachsenen Verständnis.

Und wir können sicher sein: Unser Verständnis wird weiterwachsen, so wie wir mit jeder Erfahrung – in kleinen oder großen Schritten – auf unserem Lebensweg vorankommen.

Und vielleicht hilft euch dieses Symbol – das uns Regia zu Beginn dieses Kapitels so liebevoll überreicht –

auch eure Rolle in diesem „Großen Ganzen" (dem Kreis) besser zu verstehen.

Anmerkung: Das Foto mit dem dreidimensionalen Gebilde zeigt den Versuch, auf andere Weise dasselbe zu veranschaulichen, nämlich aus dem Zwei- ins Dreidimensionalen zu erheben: Aus dem Dreieck wird eine Pyramide. Der Punkt in der Mitte ist deren Spitze, aus dem Quadrat wird ein Kubus, ein Würfel, und als Basis wird aus dem Kreis eine flache zylindrische Scheibe.

Das, was ihr da seht, ist auch ein Geschenk von SAMANA WASI, aus hartem Granit gefertigt.

3. Das Symbol der Schwingungsebenen

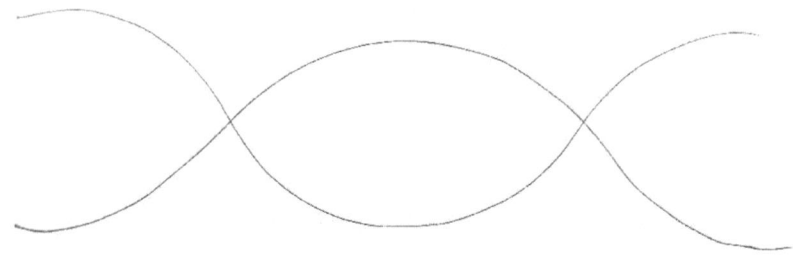

Diese Bezeichnung habe ich mir ausgedacht, um damit schon ein bißchen auf die Bedeutung einzugehen.

Aber erstmal der Reihe nach: Ich muß Luis zuerst zu Wort kommen lassen, unseren 25 Jahre jungen spirituellen Lehrer im Jahre 1989:

„Ja, danke, ich erzähle gerne, wie dieses Symbol zu mir gekommen ist. Wenn ich mich hinsetze, in Stille, ohne irgendwelche Störungen ringsum, um in Kontakt zu kommen mit den Älteren Geschwistern, die uns aus ihrer Ebene helfen bei dem Übergang in die Neue Zeit, wenn ich dann nach innen lausche – nein, ich muß sagen, nach innen sehe, denn sie vermitteln mir nicht Worte, sondern Zeichen, Linien, die sich zusammenfügen, so wie eine Bildersprache. Meine Aufgabe ist es dann, dies in einen uns verständlichen Inhalt zu übersetzen.

Und so ist mir auch dieses Symbol gegeben worden. Es ist, glaube ich, besonders leicht verständlich. Aber das überlasse ich jetzt dir!"

Danke, Luis. Ja, ich glaube, ihr habt euch schon hineingesehen und die Einfachheit erkannt: eine geschwungene Linie, wie eine Sinuskurve, geht oben von links nach rechts, etwas tiefer darunter genau so eine Linie ebenfalls von links nach rechts.

Das Spannende dabei ist, was in der Mitte geschieht, denn dort gibt es ein gemeinsames Feld, ein Überlappungsfeld. Und darum geht es, jetzt also gleich die Deutung: Sie, die Älteren Geschwister, Geistigen Leiter, wie man sie nennen mag, aus einer höheren Schwingungsebene als wir, wenden sich uns zu, uns, die wir uns auf einer niedrigeren Schwingungsebene als sie befinden – nämlich hier auf der Erde, mit all ihrer Schwere, ihrer Dichte – unsere Aufgabe ist es, uns ihnen entgegenzustrecken, in ihre Ebene zu streben, um in den Kontakt zu kommen, ihre Hilfe erfahren zu können.

Brauchen wir ihre Hilfe überhaupt? – Oh ja, denn was wären wir ohne ihre ständige Führung „von oben"?! Dies geschieht, für uns meistens unbemerkt, unbewußt, in all dem, was wir als Inspiration, Intuition, Eingebung bezeichnen können: in einem lebendigen Gespräch, in einem Telefonat, wenn wir einen Brief schreiben, wenn wir kreativ sind, wenn wir eine Idee haben…

So sind wir – oft, ohne es zu ahnen oder jetzt beim Lesen dieser Worte es wahrhaben zu wollen – so sind wir von ihnen begleitet, betreut, um unsere Aufgabe in diesem Leben erfüllen zu können, als vorsichtig uns Orientierung gebende Geistige Leiter auf unserem Lebensweg, den sie – ja, ich muß es so sagen, ich hoffe, ihr könnt dies verinnerlichen – den sie besser kennen als wir mit unserem Tagesbewußtsein, involviert in all die irdischen Erfordernisse, denen wir eine so große Bedeutung geben.

Wir können nämlich davon ausgehen, daß wir vor dieser Inkarnation in der Geistigen Welt unseren Lebensplan besprochen haben, um Rat gebeten haben, was wir denn in diesem jetzigen Leben – und ihr alle, die ihr dies lest, seid ja jetzt inkarniert – was wir denn noch zu lernen haben, in jeder Inkarnation wahrscheinlich mit anderem Schwerpunkt – z.B. verständnisvoller zu sein, vergeben zu können, das Leben mehr schätzen zu können (Oh, wie oft haben wir in früheren Inkarnationen dagegen verstoßen? Zum Glück brauchen wir das nicht zu wissen, aber unser Geistiger Leiter gibt uns die entsprechenden Hinweise aufgrund seiner erweiterten Sicht).

Da gibt es viele Lebens-Themen, immer wieder neue. Worin die bestehen, das merken wir daran, wenn wir auf Schwierigkeiten stoßen, die als Prüfungen uns auf den Weg gelegt werden – in weiser Absicht unseres Geistigen Leiters – um endlich das zu lernen, was wir bisher noch nicht gelernt haben, auf unserem Entwicklungsweg als Seele.

Könnt ihr diesem Verständnis von Leben folgen? Wahrscheinlich sind manchen von euch diese Gedanken fremd – ich möchte sagen: noch fremd – denn alles ist im Fluß, auch, wie wir nach und nach zu immer weiteren Erkenntnissen erlangen können, wiederum mit der „Hilfe von oben".

Und das hat alles mit diesem so einfach aussehenden Symbol zu tun: Sie reichen uns die Hand von oben, wir müssen sie nur ergreifen!

In diesen Zusammenhang gehört auch, daß immer mehr Menschen Botschaften empfangen, dieser Kontakt also schon hergestellt ist. Das liegt daran, daß wir uns in einer ganz besonderen Zeit befinden, in dem Übergang in die „Neue Zeit", die Zeit des Erwachens, der Bewußtwerdung, der Schritt von der dritten in die vierte Dimension (dazu später ausführlich in einem anderen Kapitel).

Ob wir wollen oder nicht, wir sind schon mittendrin, und ihr könnt überglücklich sein – so sagte es uns unser Geistiger Leiter – überglücklich, jetzt auf der Erde zu leben, um dies mitzuerleben, ja, sogar als Mitwirkende teilzuhaben an diesem „Segen von oben" im Gesamtgefüge des kosmischen Plans.

Ich hoffe, daß auch mit diesen Formulierungen ihr zurechtkommt, zumindest sie erstmal vielleicht auf sich beruhen laßt. Das Verständnis dafür wird uns irgendwann geschenkt, jedem in der ihm entsprechenden Weise – denn unsere Geistigen Leiter wissen genau, was uns als Orientierung helfen kann.

Vielleicht könnt ihr nun in diesen einfachen zwei geschwungenen Linien ihren tieferen Gehalt erkennen. Dann haben sie ihren Sinn erfüllt.

4. Das Symbol aus der vierten Dimension

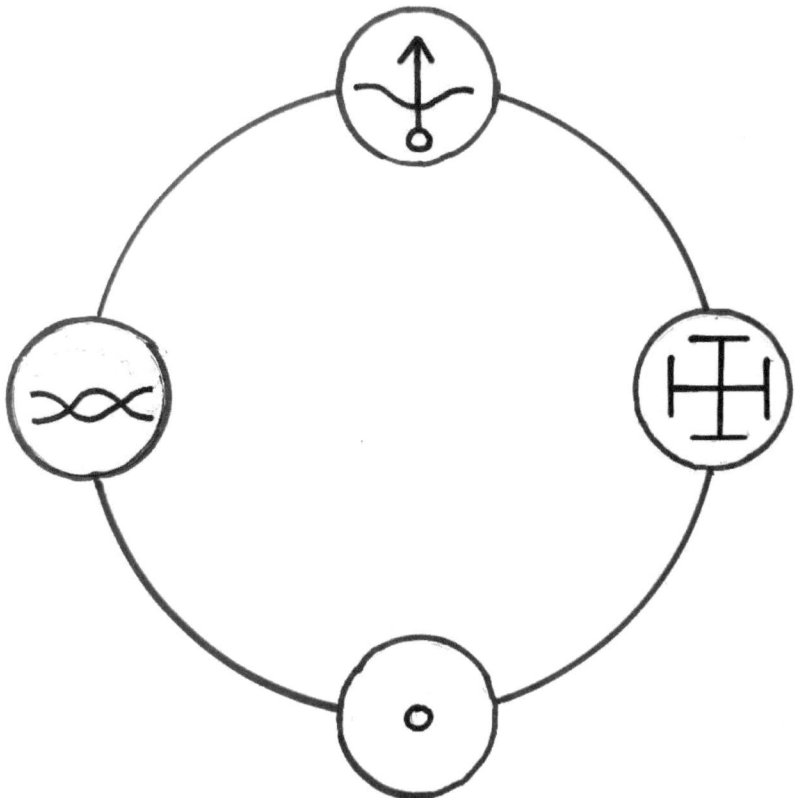

Oh, werdet ihr sagen, da in dem linken Kreis – das ist ja das vorige Symbol!

Richtig, ich habe es nur vorweg genommen, um ihm eine ihm entsprechende eigene Bedeutung zu geben, denn ich halte es für eine wesentliche Grundlage für ein erweitertes Verständnis, gerade auch in seiner Einfachheit, die sich ja sofort einprägt.

Aber der Reihe nach: Luis habt ihr ja schon kennengelernt. Dies ist nun das vollständige Symbol, bestehend aus vier Zeichen in vier regelmäßig angeordneten kleinen Kreisen in einem alles zusammenfassenden größeren Kreis, das er erhalten hat als inneres Bild.

Er selbst hat nicht viel dazu gesagt, vielleicht, weil er denkt, wir verstehen das sofort (wie er sicherlich), deswegen möchte ich mich dem Gehalt behutsam annähern: Der kleine Kreis im Kreis unten bedeutet unser Innerstes, den göttlichen Funken, der uns vom Schöpfer als menschliches Wesen mitgegeben wurde, der „zündende Funke", der Lebensimpuls in uns.

Diesen selben kleinen Kreis findet ihr wieder im oberen Kreis: Von ihm geht ein Pfeil nach oben, dies bedeutet also unsere Ausrichtung nach oben, wir kommen in Berührung mit der Schwingung aus der höheren Ebene (siehe voriges Kapitel), die unerläßlich ist für unseren Aufstieg, um dann oben anzukommen.

Der Pfeil strebt hin zu einem Ziel, so ist damit die Aufforderung verbunden, uns aktiv, in dynamischer Weise, aufgrund inneren Bemühens nach oben hin zu öffnen, uns der „Hilfe von oben" bewußt zu werden und darin Erfüllung zu finden.

Auf diese Überlegungen der „Hilfe von oben" möchte ich jetzt noch gründlicher eingehen, denn glücklicher Weise hat Ellinor 1994 eine Botschaft empfangen aus dieser höheren Ebene – wir können sie auch bezeichnen als Ebene der vierten Dimension, um damit den Unterschied zu unserer Ebene zu kennzeichnen, der dritten Dimension dieses irdischen Lebens – also aus dieser Ebene hat sie eine Botschaft empfangen von einem Wesen namens Emanuel. (Wer aufmerksam Band 1 der „Wundersamen Erlebnisse" gelesen hat, wird sich an die kleine Geschichte „Röm" erinnern.)

Dies ist eine längere Botschaft. Emanuel ist der Lehrer der „Neuen Zeit", und so hat er in dieser Botschaft in gründlicher Art und Weise uns geholfen zu verstehen, was sie als ihre Aufgabe ansehen hinsichtlich der Betreuung von uns Menschen auf dieser irdischen Ebene, aber gleichzeitig auch immer wieder darauf hingewiesen, worin denn unsere Aufgabe bestehet, um ihrer Hilfe zu entsprechen, also ihnen entgegenzukommen.

Und beim gründlichen Studieren seiner Rede kam ich auf eine Gliederung in acht Punkte, die ich deswegen „Die acht Punkte des Emanuel" nennen möchte.

Ich habe sie in Stichworten wörtlich notiert, so sind diese für mich nun der authentische Leitfaden, um euch ihr Zusammenwirken, ihre Hilfe nahezubringen. Dies sind also die wörtlichen Formulierungen:

Punkt 1: Sie möchten uns begreiflich machen, daß sie wahrhaftig da sind.

Unsere Aufgabe: bereit sein, uns öffnen für diesen innigen Kontakt

Punkt 2: In dieser Zeit des Wandels möchten sie uns belehren über das, was aus geistiger Sicht zur Zeit geschieht.

Unsere Aufgabe: die inneren Sinne üben, die äußeren beruhigen, in den Raum der Stille eintreten, um klar und bewußt diesen Wandel mitvollziehen zu können

Punkt 3: Sie möchten uns dienen – durch die Kraft der Intuition. – Ereignisse, Begegnungen, Erkenntnisse bereitstellen, die gefügt sind (Nichts geschieht zufällig!)

Punkt 4: Sie möchten uns anschließen an energetische Bereiche, uns in unseren Energien anheben.

Unsere Aufgabe: selbst das Licht verströmen im Zusammenwirken mit ihnen

Punkt 5: Sie möchten uns hineinheben in die Bewußtheit, die wir für diesen hohen Lichtesdienst benötigen, unabdingbar!

Unsere Aufgabe: den Weg nach innen gehen, um hinzugelangen zu: Wissen, Weisheit, Gewißheit, Vertrauen

Punkt 6: Sie möchten uns stärken, uns aufrichten in unserer Not.

Punkt 7: Sie möchten uns segnen.

Unsere Aufgabe: vertrauen und bauen auf all das, was uns durch sie ermöglicht wird

Punkt 8: Sie möchten uns bestärken in der Freude des Lebens – die mit all den Aufgaben sich mehr und mehr in uns verwurzelt und verzweigt.

Unsere Aufgabe: der Freude den Raum schenken, der uns das Glück bringt, das wir zum Atmen benötigen

Emanuel beendet seine Rede mit folgenden Schlußworten:

„Versucht, in diesen Kontakt einzutreten, der euch nun möglich wird – dann, wenn ihr die Stille atmet – dann, wenn ihr von der Ewigkeit umgeben, durchdrungen werdet – und dies liegt in euch, in eurem Öffnen, und ist euch jederzeit möglich!

…eure Herzen anheben, damit sie hell und leuchtend seine Liebe widerspiegeln."

Ihr merkt vielleicht an diesen Formulierungen, daß sie aus einer höheren Ebene kommen, um schon allein durch die Kraft dieser Worte uns anzuheben über unser materielles Denken und Empfinden hinaus.

Gerade bei diesen Schlußworten („…die Stille atmet… von der Ewigkeit umgeben…") ist es so, daß wir nicht zu versuchen brauchen, vom Kopf her sie zu erfassen, sondern nur hinzuspüren und uns zu öffnen für ein anderes, ein inneres Verstehen: Dann wird in uns der Sinn dieser Worte erweckt und zu einer Erfahrung werden.

Und dies ist dann in uns als etwas Kostbares, Unantastbares, für immer…

Wer gut aufgepaßt hat, wird von mir noch erwarten, zu dem Zeichen im rechten kleinen Kreis etwas zu hören. Nun, ich muß gestehen, daß ich da noch auf eine Eingebung warte. – Könnt ihr mir dabei helfen? Hinschauen, es auf euch wirken lassen, vielleicht tauchen Erkenntnisse auf…

Dies ist also eine kleine Aufgabe für euch. Laßt euch von eurer Intuition (= innere Belehrung) leiten. Mal sehen, was kommt…

Werdet ihr's mir mitteilen?

5. Das Kosmische Symbol

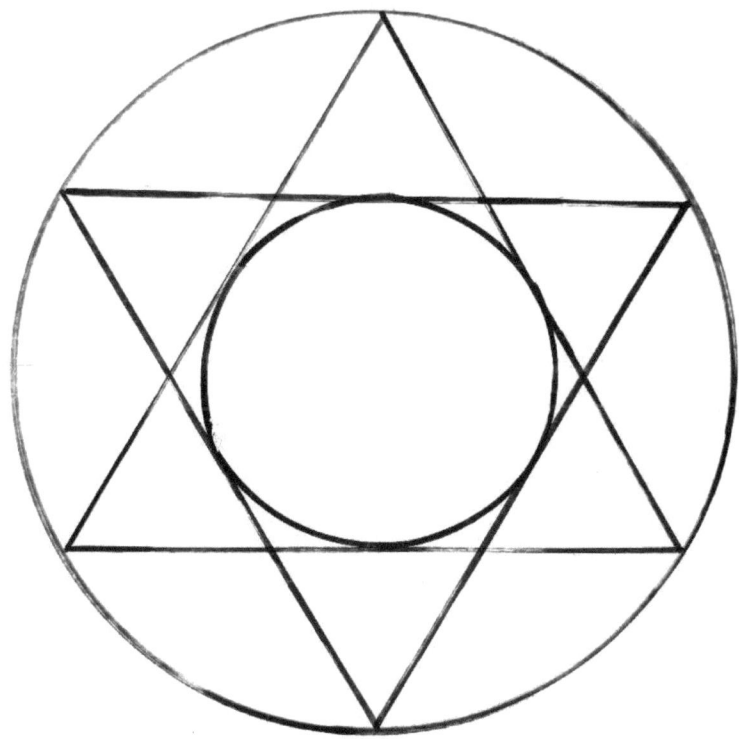

Manches in diesem Symbol wird euch bekannt vorkommen, z.B. der Kreis außen drum herum. Bei dem Symbol der Sonnenbruderschaft ist es das Allumfassende, was sich um Quadrat und Dreieck legt, als das Allerweiteste – darüber hinaus gibt es nichts.

Der Begriff „Kosmos" ist in diesem Zusammenhang auch gekommen, als die alles erhaltende Ordnung, die Kraft, die alles, was ist, in seiner Existenz unentwegt aufrecht erhält – in einem ständig neu geschehenden dynamischen Prozeß, den wir auch „Schöpfung" nennen können – das große Mysterium, das uns für immer wohl ein Geheimnis bleiben wird: das Leben an sich, der Odem Gottes, allem eingehaucht – wir können verschiedene Worte dafür finden, doch kann das immer nur eine Annäherung sein – eine Annäherung an etwas Unfaßbares.

Aber was wir als kostbare Erfahrung in uns haben, das ist: wir leben!

So, wie in einer Meditation im Haus der Stille in Roseburg bei Hamburg es mich mit einem Mal innerlich ergriff: Ich werde in jedem Moment immer wieder von Neuem am Leben erhalten.

Vielleicht kennt ihr diese Erfahrung: Wirklich von etwas ergriffen zu sein. Das ist ein Geschenk, wir können es auch „Gnade" nennen.

So hat der große Kreis wieder etwas an Erkenntnissen bewirkt. Nun können wir uns dem inneren Kreis zuwenden: Das ist unser Kosmos, unsere kleine Welt, die wir erleben, mit allem, was diese Welt uns erfahren läßt, wir mit unserem physischen Körper in dieser physischen Umgebung, dem ganzen Reichtum der Natur, all den Erlebnissen, den Erkenntnissen, die im Laufe unseres Lebens uns geschenkt werden, die sich in uns sammeln, uns bereichern, bis sich unser Leben erfüllt hat und wir sagen können: Mein Lebenszyklus rundet sich, der Kreis schließt sich, ich durfte diese mir gegebene Zeit Teil der Schöpfung sein und über das körperliche Sein hinaus spüren, wie in mir etwas wirkt, was mit weltlichen Begriffen nicht zu fassen ist, was uns eins sein läßt, geborgen in diesem großen Ganzen, alles von Geist durchwirkt, daß wir selbst auch etwas Geistiges sind, in dem unsere höhere Bestimmung sich entfaltet.

All dies sind nun wieder Worte, die ihr in euch bewegen könnt, vielleicht auch in Resonanz mit ihnen seid, in Einklang, zumindest vielleicht spürt, daß sie in euch etwas anrühren. So ist dieser kleinere Kreis in der Mitte in seiner Einfachheit, seiner Klarheit, seiner Vollkommenheit ein Vermittler von Gedanken, die uns über „irdische Niederungen" hinausheben können und einem tieferen Verstehen unseres Lebens näherbringen.

Und nun der sechseckige Stern: Seit Urzeiten, besonders in Tibet, ein Beispiel für absolutes Gleichgewicht; da fügt sich alles zusammen zu einer geometrischen Figur, die sich uns erschließt, wenn wir darin die zwei sich durchdringenden gleichseitigen Dreiecke erkennen – die in vollkommener Ausgewogenheit die Verknüpfung von „unten" und „oben" darstellen, das Streben von unten nach oben und von oben nach unten.

Damit ist dieses Symbol in Verwandtschaft zu sehen zu dem „Symbol der Schwingungsebenen", das sich auch auf das „Oben" und das „Unten" bezieht.

Übrigens: Der sechseckige Stern war schon lange, bevor er im Judentum als Davidsstern zum Symbol wurde, in den Uranfängen menschlicher Kulturen Teil ihres Verständnisses vom menschlichen Dasein in kosmischen Zusammenhängen.

Wenn wir nun zu dem sechsten Symbol, der Merkaba, kommen, werdet ihr merken, wie sehr all diese Darstellungen Versuche sind, mal in zwei-, mal in dreidimensionaler Weise sich dem selben Verständnis anzunähern: dem Sinn unseres Daseins als Mensch in diesem kosmischen Geschehen.

6. Merkaba

Was sehen wir da vor uns? – Auf den ersten Blick erscheint dies recht kompliziert: So viele Ecken, Kanten und Flächen – in welchem Zusammenhang stehen sie zueinander? Wie darin eine Ordnung erkennen?

Daß dies wohl etwas ganz Regelmäßiges ist, das ahnen wir. Und so ist es meine Aufgabe, euch auf die Fährte zu führen, um in dem Ganzen die Einfachheit heraus zu finden, wie alles in sinnvoller Weise zusammengefügt ist, euch also zu helfen, dies dreidimensionale Gebilde zu „durchschauen" – im wörtlichen Sinne: hindurchschauen, als ob es transparent ist.

Und dann besteht die Erkenntnis darin, daß wir diesen stereometrischen Körper („stereometrisch" bezieht sich auf Dreidimensionales, „geometrisch" auf Zweidimensionales) daß wir also diesen stereometrischen Körper reduzieren können auf zwei dreiseitige Pyramiden, die sich durchdringen: die eine richtet sich mit ihrer Spitze nach unten, die andere mit ihrer Spitze nach oben.

Mit den mathematischen Begriffen würden wir es so formulieren: zwei sich durchdringende Tetraeder. Dieses Wort kommt vom Griechischen her, von der Zahl „Vier", denn wir haben vier Flächen: Unten ein gleichseitiges Dreieck als Boden, dann drei Flächen, die darauf aufbauen und seitlich nach oben streben und sich in der Spitze treffen. So haben wir dann vier Ecken.

Könnt ihr dies darin erkennen? Dann sind wir einen großen Schritt weiter, denn wir lassen uns von dem Vielerlei nicht ablenken, sondern bleiben erstmal dabei, diese stereometrische Grundfigur festzuhalten. Das erfordert ein bißchen Konzentration, worum ich euch bitte.

Die Gegenrichtung der zweiten Pyramide können wir dann leichter erkennen und sind froh, dies Gebilde auf diese einfache Art des Zusammenfügens verstanden zu haben.

Die Fotos zeigen absichtlich, wie unterschiedlich, nämlich aus drei Perspektiven, dies Gebilde aussehen kann.

Die große Zeichnung stellt den Versuch dar – was nicht einfach ist, ich habe längere Zeit dazu gebraucht – mithilfe einer technischen Zeichnung, ganz im Sinne des mathematischen Zusammenhangs, zu veranschaulichen, wie diese regelmäßigen Formen erst einmal isoliert aussehen und dann, mit eurer dreidimensionalen Vorstellungskraft, ineinandergeschoben werden, von unten nach oben und von oben nach unten. Man kann das also als eine zeichnerische „Analyse" bezeichnen, denn „Analyse" bedeutet „zerlegen".

Die Richtungspfeile habe ich absichtlich, neben den präzisen anderen Linien (durchgezogen als Außenkanten, gestrichelt als durchsichtig Vorzustellendes) per Hand gezeichnet, um anzudeuten, daß dies ein dynamischer Vorgang ist, dies Ineinander-Schieben, das euer Vorstellungsvermögen leisten muß.

Die schraffierten Flächen bedeuten jeweils die Unterseiten. Wenn ihr dies in diesem Sinne euch anschaut, dann entsteht vielleicht für euch aus dem Zweidimensionalen – denn ich habe das alles ja auf eine Fläche projiziert, es ist also nur die Illusion des

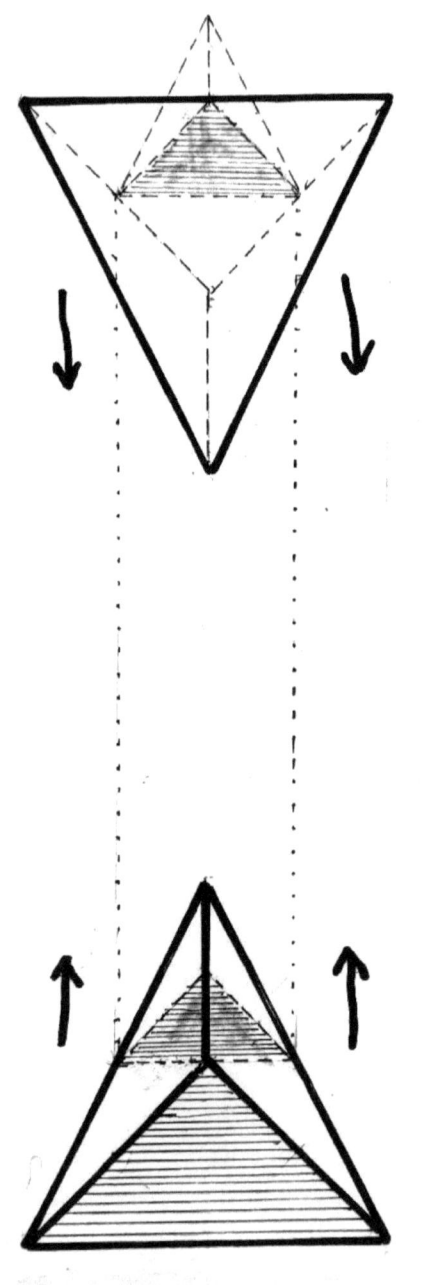

Dreidimensionalen – entsteht vielleicht mit einem Mal ein dreidimensionales Bild. Bei dem oberen Teil geschieht dies vielleicht am ehesten. Also schraffierte Flächen von unten sehen!

Die Proportionen habe ich absichtlich gegenüber dem Original verändert, einen steileren Winkel gewählt, sonst würden manche Linien zur Deckung kommen, die es uns noch schwerer machen würden, überhaupt den dreidimensionalen Charakter darin zu erkennen.

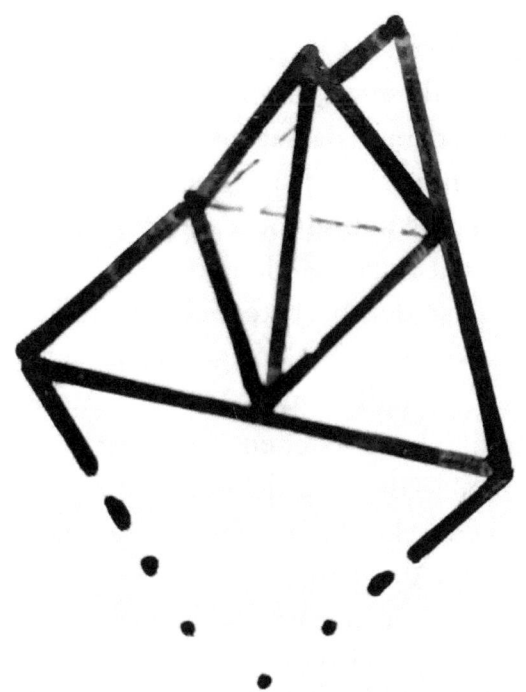

Die kleinere Ausschnittzeichnung wirkt dagegen sicherlich anschaulicher und kann euch helfen, sie auf die mathematische präzise Zeichnung zu übertragen, natürlich bezogen nur auf eine Spitze, um es nicht zu verwirrend erscheinen zu lassen.

So, das waren viele Worte, die aber sich aneinanderfügen in dem Prozeß des Durchschauens, des Erkennens. Alles klar jetzt?

Soviel zu der Figur von ihrem Aussehen her, ihrem Aufbau. Nun aber zu dem inhaltlichen Gehalt unter der Überschrift: Symbole – Wegweiser auf dem Weg des Menschen.

Und gerade dieses Symbol – der Titel bezeichnet es als „Merkaba" – dieses Symbol hat eine tiefe Bedeutung. Dies bezieht sich darauf, daß etwas von oben kommt, etwas von unten und in der Mitte sich vereint, so daß daraus ein Ganzes wird (mathematisch bezeichnet als „Oktaeder", da wir insgesamt acht Ecken zählen können).

Und so ist der nächste Schritt, dies auf uns als Menschen zu beziehen in dem geistigen Verständnis: Es geht darum, daß wir als Menschen in Gesamtzusammenhang stehen zwischen „oben" und „unten": „Oben" – das sind die höheren Ebenen, „unten" – das ist unser irdisches Sein, gebunden an diese Erde, mit beiden Füßen auf der Erde, aber eben auch geleichzeitig aufgrund der Tatsache, daß wir Bewußtsein haben, wir auch geistig ausgerichtet sind und uns nach „oben" ausrichten können, wissend, daß wir wohl einen Körper haben, aber nicht dieser Körper „sind", sondern als Seele mit Geist begabt sind, so, wie es unser Schöpfer mit uns vorgesehen hat, als Seine Geschöpfe Mittler zu sein zwischen Himmel und Erde.

Und das bedeutet: Das, was als Kraft, als Segen Er uns zukommen läßt, als höhere Schwingung, durch uns dieser Erde mit allem Leben, Natur, Mitmenschen zuteil werden zu lassen in einem aktiven Sinne, in der Erfüllung einer Aufgabe, die wir mit jeder Inkarnation mitbekommen haben, so wie in anderem Zusammenhang Jesu Worte zitiert wurden: „Ihr seid das Licht der Welt!"

Damit ist ein Auftrag verbunden, der uns den Sinn unseres Hierseins verstehen läßt: aktiv mitzuwirken in dem Göttlichen Plan als Teil dieser Schöpfung.

Ich hoffe, ihr hattet die Geduld, der gründlichen Erläuterung und Beschreibung dieses dreidimensionalen Symbols zu folgen und euch nicht zu sehr wundertet, wie knapp dagegen die Deutung ausfiel. Aber manchmal ist in einer komponierten Form, trotz der Kürze, genügend Sinngebung enthalten, um zu einem vertieften Verständnis zu gelangen und so den Zusammenhang zu dem Leitfaden herzustellen, nämlich, inwieweit auch dieses Symbol Wegweiser ist für unser Hiersein, unsere Bestimmung als Mensch und uns damit hilft, unserem Leben auf dieser Erde einen tieferen Sinn geben zu können.

7. Yin – Yang

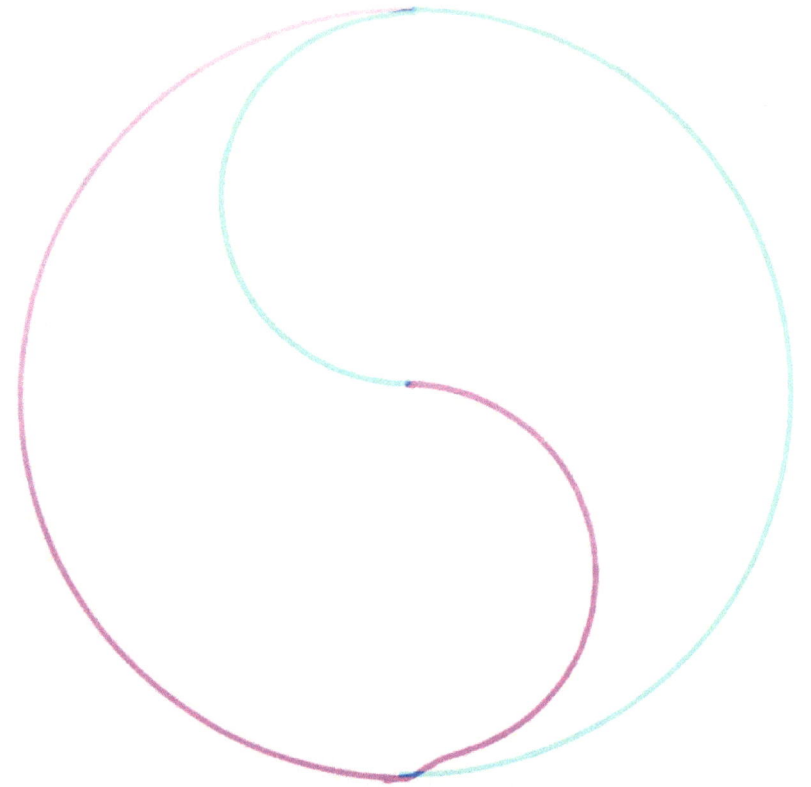

Dies ist wohl eines der bekanntesten Symbole: sofort einprägsam, sofort zu überblicken. Ich freue mich vor allem an dem Schwung und wie so gut alles ineinander paßt, deckungsgleich ist, wie sich die eine Form an die andere schmiegt.

Als erste Deutung fällt uns wahrscheinlich „männlich – weiblich" ein, also ein Gegensatzpaar. Und damit sind wir bei dem vierten kosmischen Gesetz, dem

Gesetz der Polarität: Wir erleben ja ständig den Wechsel von dem Einen zum Anderen: Tag – Nacht, Ebbe – Flut, einatmen – ausatmen, Anspannung – Entspannung (vor allem beim Yoga), Fülle – Leere, aktiv – passiv, geben – empfangen.

Dabei ist es immer so: Das Eine kann ohne das Andere nicht sein; wenn wir „Tag" sagen, ist in unserem Bewußtsein auch gleich „Nacht".

Und in diesem Zusammenhang möchte ich einmal etwas tun, was ich bisher nicht getan habe: nämlich zitieren, und zwar Laotse (335 – 305 v.Chr.), diesen chinesischen Weisen:

„Wenn wir das Schöne erkennen, ist damit das Häßliche gesetzt.

Wenn wir das Gute erkennen, so ist damit das Schlechte gesetzt.

Denn:

Sein und Nichtsein, Schwer und Leicht, Vorher und Nachher bedingen und ergänzen einander und gehören zueinander."

(Quelle: „Laotse" Liliom Verlag 2009)

Ihr erkennt die Zeitlosigkeit dieser Worte? Weisheit ist zeitlos! – Ich möchte dabei auf das „Sich-Bedingen" eingehen, wie wir dies nämlich erleben: Nacht geht in Tag über – und Tag in Nacht, nach dem Einatmen atmen wir aus, um von Neuem einzuatmen.

Das hat offensichtlich etwas mit unseren irdischen Bedingungen zu tun, dies entspricht dem Rhythmus, dem Fluß unseres Lebens. Denn nur dadurch, daß das Eine das Andere ablöst, fließt es. (Vergleichbar mit der Elektrizität: Plus- und Minus-Pol bedingen einander, damit der Strom fließt. Wir können überall Entsprechungen finden für das gleiche grundlegende Prinzip.)

So können wir zu der Erkenntnis gelangen, daß beide sich gegenseitig bedingen, im Grunde eins sind, daß das Eine das Andere braucht zu seiner Ergänzung.

Es sind wohl zwei – wie bei einem Ehepaar männlich – weiblich, aber es ist eben ein Ehepaar, und die innere Verbindung kann so stark sein, daß sich Beide eins fühlen: als „Einheit in der Zweiheit".

Wir können also in diesem Symbol die Aufforderung sehen, sich zu ergänzen – als Frau, also mit der Yin-Energie, auch die Yang-Energie zu verwirklichen, das Aktive, Starke, und der Mann, also Yang, das Weiche, Sanfte, Sensible, Empfindsame der Yin-Energie in sich wachsen zu lassen – sich so zu ergänzen, daß daraus etwas Gemeinsames wird, wofür es das schöne Wort „Harmonie" gibt (dazu eine Erläuterung am Schluß).

Ja, es soll nicht bei dem Gegensatz bleiben, alles soll zur Harmonie streben, der Eine im Anderen, das Andere im Einen. So können wir dieses Symbol anschauen und vor allem den umgebenden Kreis betrachten, der Beides umschließt und damit daraus eine Einheit werden läßt.

Mir ist da eine Idee gekommen, die diese Gedanken noch unterstreicht, ja, sogar bestätigt: Ihr seht, daß ich (absichtlich) die beiden Hälften in den Komplementär-Farben Rot und Grün gezeichnet habe, als den beiden Farben, die im stärksten Kontrast zueinander stehen. (Es könnten auch die Farben Violett-Gelb oder Blau-Orange sein, entsprechend der jeweiligen Gegenpositionen im Farbkreis.)

Und jetzt kommt's: Wenn wir die Farben Rot und Grün (ein bißchen Farblehre) als Licht, also mit zwei Scheinwerfern aufeinander projizieren (den Physikern ist dies vertraut aus dem Bereich der Optik), dann verwandeln sich die gegensätzlichen Farben zusammen in weißes Licht.

Für mich ist dies ein wunderbarer Beweis: Erst im gemeinsamen Verschmelzen finden beide Teile ihre Erfüllung. Weil nämlich jeder Teil mit seiner Schwingung (und Farbe ist Schwingung, entsprechend dem dritten Kosmischen Gesetz: „alles schwingt") erst ein Ganzes entstehen läßt.

Und der Kreis symbolisiert, wie es immer wieder anklingt, das Ganze, den Einklang, die völlige Übereinstimmung.

Das mit den Schweinwerfern könnt ihr gerne mal ausprobieren, es ist faszinierend, wie die eine Farbe in der anderen sich auflöst – gerade wegen ihrer Polarität – und zu Licht wird – Licht, das in der Schöpfung die Grundlage, der Urgrund allen Seins ist.

So ist dieser physikalische, optische Versuch ein Hinweis: Die zwei sich ineinander schmiegenden Hälften sind nicht als Gegenpole zu sehen, die sich gegeneinander abgrenzen, sondern als sich vereinigende Teile eines harmonischen Ganzen.

Das Eine existiert nur als geleichwertige Ergänzung zu dem Anderen, so wie das Wort „komplementär" ja auch bedeutet: „auffüllend", also: erst Beides zusammen führt zur Fülle, zur Erfüllung.

In meinen Ausführungen habe ich, das merkt ihr ja, versucht, Yin und Yang über das allgemeine Verständnis von Gegensätzlichkeit hinüberzuheben in das Ziel, nicht dabei stehen zu bleiben, sondern dies Symbol als Aufforderung zu verstehen, die Polarität zu überwinden.

Und dies können wir generell immer darauf beziehen, wo Gegensätze aufeinander stoßen, wo zum Beispiel Konflikte aufgrund unterschiedlicher Hautfarbe, Glaubensrichtungen oder politischer Ansichten bestehen.

Die Lösung kann nur in einem gegenseitigen Verständnis bestehen, in dem Bemühen, über die eigene Sicht als Individuum hinaus uns als Teil der gesamten Menschheit zu sehen (Anton Ponce hat immer wieder es so formuliert: „Wir sind alle Geschwister!"), jeder gemäß seinem Lebensplan nur im Miteinander, im Gefühl der Verbundenheit mit den Mitmenschen voranschreiten kann.

In diesem Zusammenhang noch zu guter Letzt, noch vor der angekündigten Anmerkung, eine allgemeine Bemerkung: Wir kommen nicht um die Tatsache herum, daß es nun mal auf dieser Welt Unterschiede, auch Gegensätze gibt. Diese zu erkennen, ohne dabei zu verurteilen, also das Recht eines jeden auf seinen Weg anzuerkennen, das wäre ein Beitrag zu einem friedlichen Miteinander.

Und dafür steht ja auch dieses Symbol – denn wir sehen ja beide Hälften ganz friedlich nebeneinander! – stimmt's?

Und nun zur Anmerkung: Dieses komplementäre Sich-Ergänzen gilt genauso für eine gleichgeschlechtliche Partnerschaft: Die Eine oder der Andere lebt mehr die Yang-Energie, die Eine oder der Andere lebt mehr die Yin-Energie (wir haben beides in uns, in unterschiedlicher Stärke), und so beruht die gegenseitige Anziehungskraft auf diesem unbewußten inneren Streben nach Vereinigung, unabhängig von äußeren biologischen Merkmalen. Wir alle wollen nichts weiter als glücklich sein!

Anton Ponce, unser Alter Weiser in Peru, hat es immer zu Beginn seiner Vorträge so formuliert: „Wir sind auf die Erde gekommen, um glücklich zu sein!"

Teil II: Die Erweiterung

In der Einführung zu Beginn bin ich schon darauf eingegangen, daß wir, außer in den besprochenen Symbolen, die auf einer sehr persönlichen Auswahl beruhen, entsprechend meiner eigenen Lebenserfahrung – daß wir außerdem wachen Sinnes überall und ständig Hinweise entdecken können, die uns auf unserem Erkenntnisweg weiterhelfen können. Denn „erkennen" – das wollen wir doch wohl, das hat ja damit zu tun, daß wir uns in einem Entwicklungs-Fluß befinden, und in jedem von uns ist dieses Streben, diese Suche enthalten. Denn wir leben ja!

So möchte ich nun beginnen mit dem ersten von sieben Themen, die alle etwas zu tun haben mit uns als Mensch mit einem Körper in Zeit und Raum.

1. Die sieben Körper

Vielleicht wundert es euch, daß es schon wieder um die Zahl „Sieben" geht, nur um dieser Zahl willen? – Haben wir nicht nur einen Körper?

Ja, wir müssen uns also verständigen, was unter „Körper" zu verstehen ist: Ist damit nur dieser physische, biologisch funktionierende Körper gemeint – oder gibt es eine darüber hinausgehende Vorstellung von Körper? Also etwas, was wohl nicht sichtbar – wie dieser Körper – ist, aber dennoch auf irgendeine Weise wahrnehmbar?

Und da möchte ich darauf eingehen, daß außer diesem physisch deutlich spürbaren Körper – er ist ja unser ganze Leben lang da, womit wir auf dieser Erde herumlaufen, den wir ernähren, kleiden, Freud und Leid empfinden, in dem wir uns mal mehr, mal weniger wohl fühlen, dem wir es gutgehen lassen wollen, mit dessen biologischen Anfang und dessen Ende wir das verbinden, was wir „Leben" nennen – daß wir außer dessen Befinden auch darüber Hinausgehendes wahrnehmen, nämlich: Gefühle.

Und Gefühle – das wird jeder bestätigen – sind da, bestimmen auch unser Leben, spielen sogar eine große Rolle in all dem Miteinander mit unseren Mitmenschen – Abneigung, Zuneigung, um nur zwei zu nennen – ja, auch mit Tieren, Pflanzen, zu allem treten wir ja in eine Beziehung über unsere Gefühle, in der vielfältigsten Art und Weise: Wir können in der Gegenwart anderer Menschen erspüren, was mit ihnen seelisch „los ist", ja, wir können von einer Ausstrahlung sprechen, die von jedem ausgeht, die uns mitfühlen läßt – Freud oder Leid, Trauer oder Fröhlichkeit, Verdrießlichkeit oder heitere Gelassenheit – all das ist wahrnehmbar, weil wir feinfühlige Wesen sind, die ständig von unseren Mitmenschen Signale empfangen auf feinstofflicher Ebene, jenseits des physischen Empfindens unseres Körpers.

Und da sind wir bei dem entscheidenden Begriff: „feinstofflich". Den Körper, den können wir bezeichnen als etwas „Grobstoffliches", aus Materie bestehend, mit einer gewissen Schwere, doch Gefühle sind nicht direkt so „anfaßbar", aber doch vorhanden, denn sie haben ja eine Wirkung auf uns, von den Anderen kommend, und genauso werden die Gefühle, die wir ausstrahlen – je nachdem, wie wir „gestimmt" sind – von unserer Umgebung wahrgenommen, als etwas Wirkliches.

Und deswegen sprechen wir von einem „Emotionalkörper" und meinen damit diese Ausstrahlung um uns herum, in alle Richtungen. Da fällt euch sicherlich der Begriff „Aura" ein – ein etwas vager Begriff, weil unter ihm manchmal etwas Unterschiedliches verstanden wird, nämlich nur bezogen auf unsere Gefühle, also den Emotionalkörper.

Doch wir können damit auch unsere gesamte Ausstrahlung meinen, denn über die Gefühle hinaus haben wir ja auch Gedanken, die von uns ausgehen, die um uns herum einen noch feinstofflicheren „Körper" bilden, als Schwingungen, die auf einer subtilen Ebene bei dem

Anderen ankommen, wie genauso dessen Gedanken sich auf uns auswirken.

So befinden wir uns ständig in diesem Aura-Umfeld in der Nähe von unseren Mitmenschen; jeder hat, mehr oder weniger bewußt, teil am Leben des Anderen, ist „berührt" von dessen Anwesenheit, empfindet Mitgefühl, strahlt selber Liebe, Zuwendung auf den Anderen aus in diesem ununterbrochenen Wechselspiel des Austausches.

So erklärt sich auch, warum wir uns in der Gegenwart von jemandem mal wohl fühlen, mal nicht, je nachdem, ob er freudig oder mißmutig gestimmt ist. Und wenn wir davon sprechen, daß „Begeisterung sich überträgt", so ist das auch darin begründet.

So haben wir bereits drei Körper: den physischen, den Emotionalkörper und den Gedankenkörper, genannt „Mentalkörper" (lat.: mens = Geist, Verstand). Wenn wir nun systematisch vorgehen wollen, so fangen wir noch einmal beim Dichtesten an und weiten dann unsere Vorstellung immer weiter aus bis zu dem, was wir in Wirklichkeit sind: zu einem Ganzen, und kommen da tatsächlich auf sieben, sich voneinander unterscheidende, jeweils immer feiner, höher schwingende Körper.

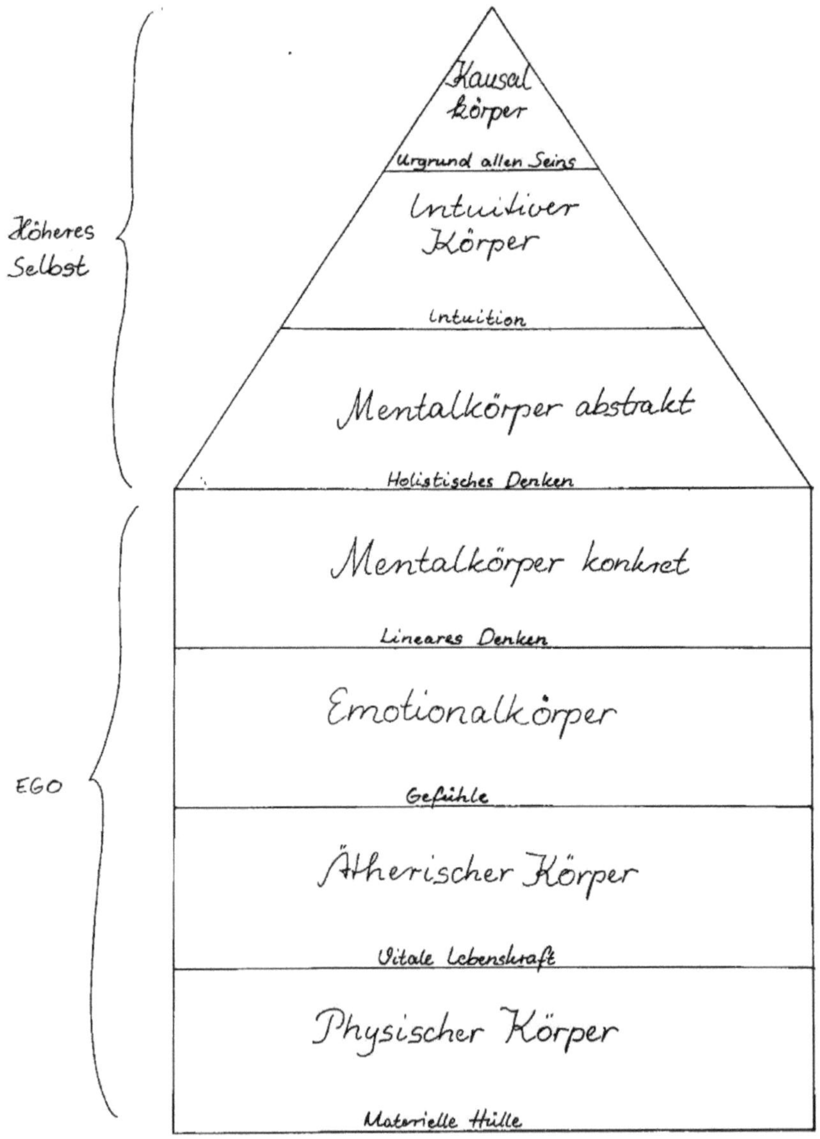

Kausal
körper

Urgrund allen Seins

Intuitiver
Körper

Intuition

Mentalkörper abstrakt

Holistisches Denken

Mentalkörper konkret

Lineares Denken

Emotionalkörper

Gefühle

Ätherischer Körper

Vitale Lebenskraft

Physischer Körper

Materielle Hülle

Höheres
Selbst

EGO

In der abgebildeten schematischen Darstellung sind diese sieben Körper benannt. – Vorweg eine allgemeine Bemerkung: Der jeweils höhere Körper hat auch eine höhere, das heißt jeweils feinstofflichere Schwingung.

Wir beginnen wieder bei dem uns Vertrauten, dem „Physischen Körper", der hier auch die Bezeichnung erhält: „Materielle Hülle", um anzudeuten, daß er etwas in uns „umhüllt", nämlich das, was wir als Seele sind.

Dann wird der Begriff „Ätherischer Körper" genannt; damit ist also schon etwas Feinstoffliches gemeint, etwas, was als „Vitale Lebenskraft" unser materielles Sein am Leben erhält, ohne das unser Körper nicht „leben" würde.

Die Abbildung auf der nächsten Seite ist ein Beleg dieses Ätherkörpers.

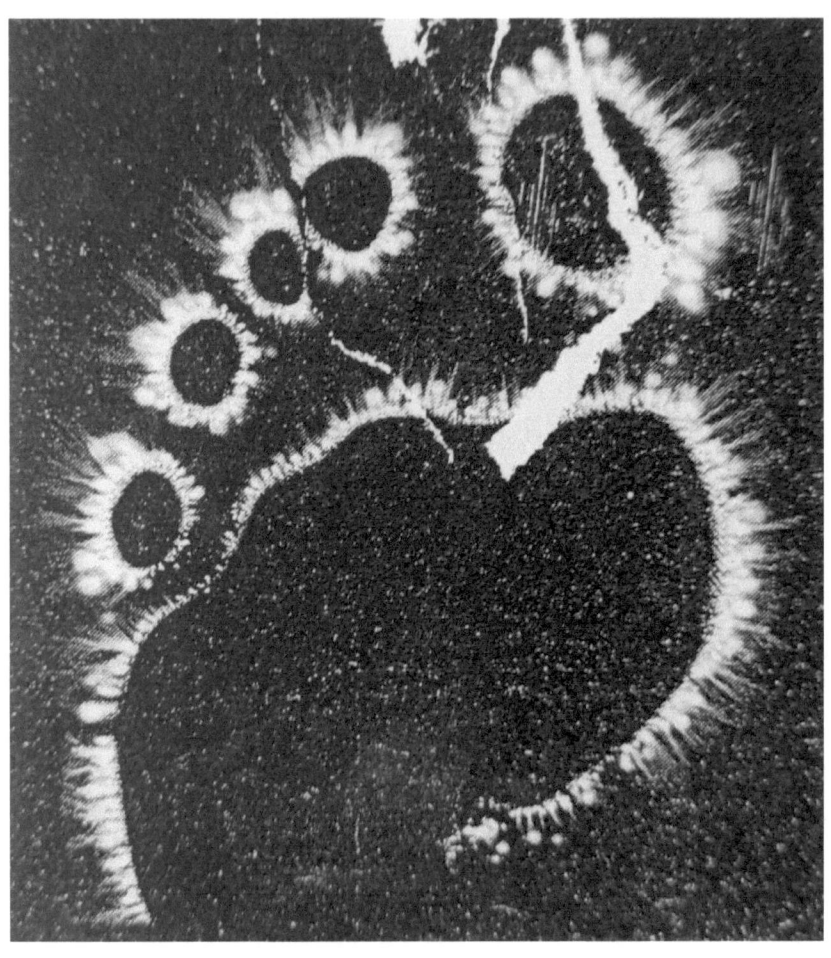

Schon in den dreißiger Jahren des zwanzigsten Jahrhunderts ist es dem russischen Ehepaar Kirlian gelungen, diese feine Ausstrahlung fotographisch festzuhalten.

So gibt es heutzutage auch die sogenannte „Aura-Fotographie", die sich auf unseren Emotionalkörper bezieht. Doch dabei müssen wir bedenken, daß wir ja ständigen Gefühlsschwankungen unterliegen, einem „Bad der Gefühle", das fotographische Ergebnis also schon bald wieder ein anderes sein könnte und wir uns fragen müssen, welche Aussagekraft so ein Foto hat, es ist ja nur eine Momentaufnahme.

Wenn es uns aber um ein augenblickliches Stimmungsbild geht – wir sehen es in der fotographischen Wiedergabe als farbliche Tönungen, die sich schleierhaft um uns ausdehnen – dann kann dies natürlich für uns einen persönlichen Wert haben zu sehen, „was mit uns los ist" in dieser Art der Veranschaulichung, die ein Beweis unserer Ausstrahlung ist. (Ein kundiger Fachmann wird sie uns erläutern können.)

Der dritte Körper ist der schon besprochene „Emotionalkörper" mit all unseren Gefühlen, die unserem lebendigen Dasein als einfühlsame Menschen entsprechen.

Beim vierten und fünften Körper wird der Begriff „Mentalkörper" gebraucht mit jeweils unterschiedlichen Untertiteln: „Lineares-Holistisches Denken". In dieser Unterscheidung liegt eine wesentliche Bedeutung: „Linear" – das bezieht sich auf die Gedanken, die sich dem irdischen Ablauf des Lebens zuwenden, unserem Hiersein in Zeit und Raum, auf die praktische Bewältigung ausgerichtet, die nun einmal notwendig ist, um im Alltag, im Beruf mit all unseren Aufgaben zurechtzukommen. Der Verstand ist dabei unser wichtigstes Hilfsmittel, unser Denken vom Kopf her.

Die waagerechte Linie zwischen 4. Und 5. Körper ist wie eine Schwelle, die überschritten wird: Man kann auch davon sprechen, daß das „Holistische" Denken wie eine höhere Oktave (von der Musik her) ist, daß es wohl auch um Gedanken geht, die aber über die irdischen Belange hinausreichen in eine höhere Ebene hinein, sich nach oben richten, wissend, daß es nicht nur dieses irdische Sein gibt.

An dieser Stelle möchte ich gern ein weiteres Mal Laotse zitieren, einfach, weil mir die Formulierung so gut gefällt und Laotse in seinem weiten Blick vor 2400 Jahren es so weise ausgedrückt hat:

> „Das Streben nach dem Unendlichen
> führt zum Schauen der ewigen Kräfte.
> Das Streben nach dem Diesseitigen
> führt zum Schauen des irdischen Raumes."

Unsere Bestimmung als Mensch liegt also darin, über die Identifizierung mit dem irdischen Körper hinauszuwachsen in unser wahres Sein als geistiges Wesen, hier bezeichnet mit dem Begriff „Höheres Selbst", während für das Anhaften am Irdischen das Wort „Ego" steht, in seiner neutralen Bedeutung als ein „Ich", das zunächst einmal im Laufe des voranschreitenden Lebens meint, sich behaupten zu müssen, um dann aber beim Überschreiten dieser Schwelle vom „Ego" zum „Höheren Selbst" sich seiner höheren Bestimmung bewußt wird und sich eins fühlen kann, geborgen in der Gewißheit: Ich bin Sein Geschöpf. Er läßt in meinem Herzen diesen Lebensfunken leuchten als ein Teil von Ihm.

So gelangen wir über das „Wissen" im 4. Körper (Mental-konkret) zu mehr „Bewußtheit" (Mental-abstrakt).

An diesen Formulierungen merkt ihr, wie sich unser Verständnis von Leben auf dieser Erde wandeln kann, wie wir aus der Schwere, dem Anhaften in das Leichte, das Lichte gelangen können und damit in das, was wir in Wirklichkeit sind: Wir sind – als Seele – nicht dieser Körper, wir haben ihn, um auf dieser dichten Erde mit diesem dichten Körper Erfahrungen sammeln zu können, die uns dazu dienen, uns als Seele zu entwickeln, geläutert zu werden, um unserem wahren Ziel als Seine Geschöpfe näher zu kommen: dem Eins-Sein.

Und da habt ihr schon in der Übersicht den Blick nach oben gerichtet, zum 7. Körper, zu dem alles hinstrebt, der als „Kausalkörper" bezeichnet wird, womit die Ursache, der Urgrund allen Seins gemeint ist.

Und der 6. Körper hilft uns dabei, denn in uns ist das Geschenk der Intuition gelegt, des Sich-öffnen-Könnens hin zu all den Wesen, die in Seinem Namen wirken, die uns helfen möchten, zu diesem tiefen, weiten Verständnis zu gelangen, nicht dem irdischen Sein ausgeliefert zu sein, sondern als „Höheres Selbst" nach dem Zurücklassen unserer „Materiellen Hülle" weiter leben werden, frei von allen irdischen Begrenzungen, daß dies uns als Verheißung mit auf den Weg gegeben ist: Es gibt keinen Tod, der bezieht sich nur auf die Umwandlung unseres irdischen Körpers wieder in Erde, sondern wir gehen als „Höheres Selbst" – das wir immer schon waren und weiterhin sind und sein werden – weiter in die lichten Sphären des Seins, kehren heim.

So ist diese Aufteilung sehr aussagekräftig: unteres Quadrat mit den vier unteren Körpern, die dem irdischen Leben entsprechen, der Vergänglichkeit also unterliegen, und oberes Dreieck, das mit seinen drei oberen Körpern sich auf unser Weiterleben bezieht, auf unser ewiges Sein.

Ihr merkt, wie bei diesem Thema viele grundsätzliche Fragen des Lebens in ein geistiges Verständnis eingeordnet werden können, Fragen, die uns alle bewegen, die aber jeder auf seine Weise für sich beantworten kann – lauscht auf eure Intuition!

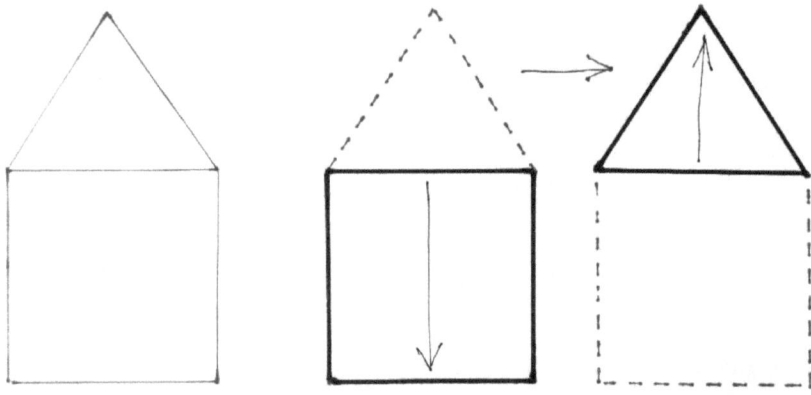

Die Zeichnung mit den drei verschiedenen Darstellungen vom Quadrat + Dreieck sollen in möglichst klarer Weise diesen Weg zu unserer Erfüllung kennzeichnen: zuerst die neutrale Wiedergabe, dann von links nach rechts: Richten wir unseren Blick nach unten, halten nur das irdische Sein für das Wesentliche, sind uns unseres höheren Selbst kaum oder nicht bewußt?

Oder wissen wir um die Relativität unseres irdischen Seins als nur eine Vorbereitung für das Wesentliche und richten unseren Blick nach oben?

Wir müssen jetzt noch, damit das Bild sich rundet, den Schritt von der zweidimensionalen schematischen Darstellung zu einer dreidimensionalen Vorstellung machen: Wenn diese nebenstehende Grafik auch nur, notgedrungener Weise, flächig sein kann, so kann aber unser Gehirn es leisten, die punktiert gekennzeichneten sieben Körper, die von unserem Innersten ausgehen, als dreidimensionale Formen um uns zu sehen, die von zuerst sehr schmalen Ellipsoiden (also ellipsenförmigen Körpern) immer mehr sich runden, bis wir schließlich mit dem Himmlischen, dem 7. Körper, zu dem hingelangen, als was

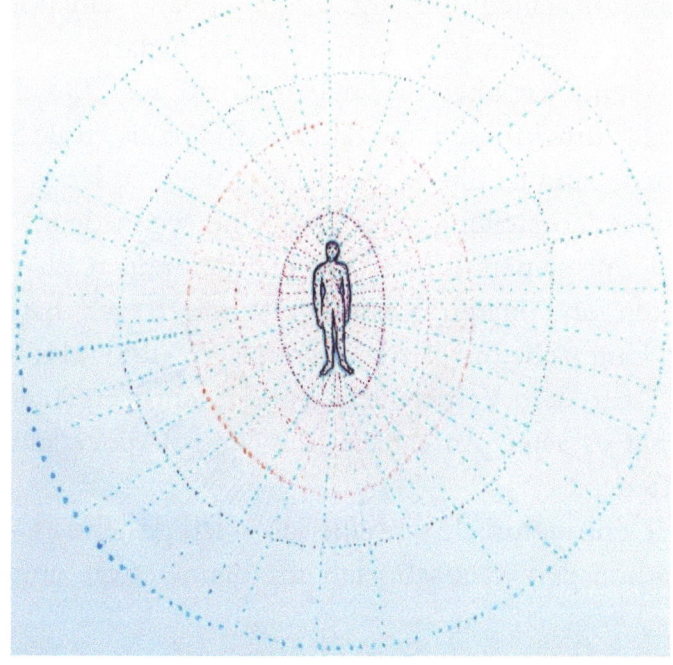

unser Schöpfer uns geschaffen hat: Wir sind eine leuchtende, strahlende Lichtkugel, eine Sonne, Licht von Seinem Licht...

Diese Zeichnung ist eine Fleißarbeit von Ellinor, Pünktchen per Pünktchen, in feinen Farbabstufungen, um dem Feinstofflichen zu entsprechen. – Dabei ist zu bemerken: Daß wir uns die Proportionen noch ganz anders vorstellen müssen. Der Platz auf dem als Vorlage dienenden DIN-A2 Bogen reicht nicht aus, um die wahre Ausdehnung unserer Auren zu zeigen im Verhältnis zur Größe des Menschen; sie beträgt das Drei- bis Vierfache!

So ist dieses Kapitel doch recht umfangreich geworden, aber ist auch ein Inhalt, der uns in grundlegender Weise helfen kann, vielleicht so manches von uns bisher Erkannte in einen Gesamtzusammenhang einzuordnen und daher einer gewissen Gründlichkeit bedarf.

Wenn wir aber die vielen Worte auf „Quadrat + Dreieck" zurückführen und dann noch uns als große Sonne erkennen, dann ist dies ja als etwas einfach zu Erfassendes in unserer Vorstellung verankert. Und wenn dann dieses Kapitel mit seinen Worten und Zeichnungen zu einem einfachen und klaren Verständnis beigetragen hat – in dieser Unterscheidung zwischen „Ego" und „Höherem Selbst", also dem Vergänglichen und Nicht-Vergänglichen, dann hat es seine Aufgabe erfüllt, und darüber kann ich mich freuen.

Denn natürlich schreibe ich – ich gestehe es – dies nicht ohne den Wunsch, daß ihr damit etwas anfangen könnt.

Und – könnt ihr das?

Das ist doch etwas sehr Tröstliches zu wissen, daß wir gar nicht „sterben" können, denn wir <u>sind</u> ja Seele, Geist, Bewußtsein, unser Höheres Selbst, <u>das</u> sind wir, und so sind wir immer eins in der Liebe Gottes – für immer und ewig, gemäß Seinem Willen, ohne den nichts ist.

Der Worte sind genug gewechselt, das nächste Kapitel wartet auf euch.

2. Die sieben Chakren

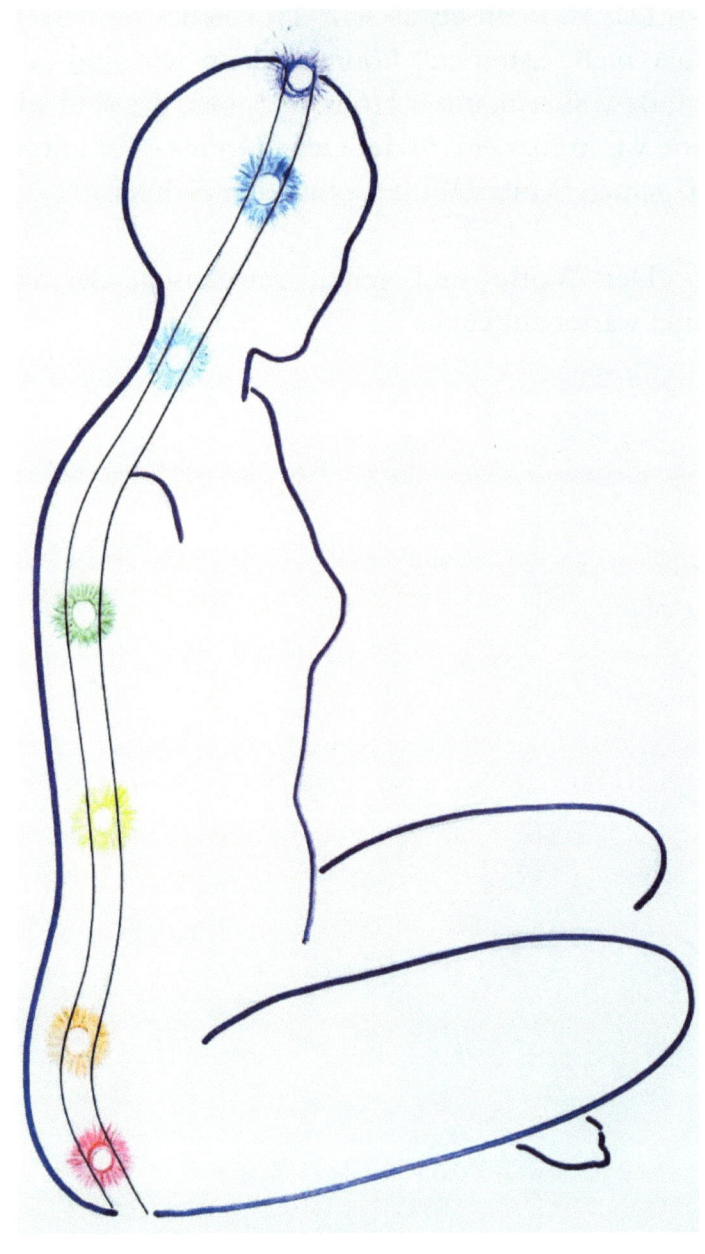

Untrennbar verknüpft mit unseren Energiekörpern sind unsere Energiezentren, genannt „Chakren" (gesprochen: Tschackren), im Singular „Chakra". Das bedeutet im Indischen „Rad", also etwas Rundes, wie eine Kreis-Scheibe.

Wir können sie uns vorstellen – und Hellsichtige sehen sie auch so – als leuchtende, kreisrunde flache Lichtgebilde mit ca. 10 cm Durchmesser im Bereich unserer Wirbelsäule, als etwas Feinstoffliches, das von unten nach oben in den Regenbogenfarben in jeweils höherer Schwingung bis zu unserem Scheitel in der Mitte unserer Kopfoberfläche gelangt.

Farben sind Schwingung, und so können wir, wie auf der Abbildung ersichtlich, diesen Weg nach oben verfolgen von dem relativ niedrig schwingenden Rot über Orange, Gelb, Grün, Blau, Indigo bis zur höchstschwingenden Farbe, dem Violett.

Das ist schon erstaunlich, wie diese farbliche Entwicklung vollkommen dem entspricht, was wir am Himmel in Form eines Regenbogens sehen können, ein immer wieder von Neuem faszinierendes Naturphänomen, uns freudig berührend: „Guck mal, ein Regenbogen!"

Das erinnert an den Regenbogen, den Noah nach der Sintflut erblickte und die Worte hörte: „Dies ist der neue Bund…"

Diese Farben werden auch Spektralfarben genannt, weil sie die Bandbreite des Spektrums der für das menschliche Auge sichtbaren Farben umspannen. All die unendlich vielen Schwingun gen darüber hinaus, nämlich darunter und darüber im Kosmos, darauf ist unser Auge nicht „geeicht". Verhaltensforscher haben mit Spezialkameras herausgefunden, daß aber Tiere, wie z.B. Insekten, auf Blüten noch weitere für uns unsichtbare Farben erkennen, die für sie sogar entscheidend sind, um zu dem für sie bestimmten Nektar zu gelangen.

Wir als Menschen haben also über unsere Sinneswahrnehmungen – vor allem Sehen, Hören, Riechen – den für uns genau richtigen Ausschnitt aus der unendlichen Vielfalt von Schwingungen, die unsere Orientierung gewährleisten – jedes Geschöpf auf seine Weise.

Und nun zu den Chakren: Unsere uns als Mensch gegebenen sieben Chakren sind wie Antennen, Empfangsorgane für all das, was wir aus dieser Fülle der Möglichkeiten über unsere physischen Wahrnehmungsorgane hinaus für unser geistiges Sein hinaus benötigen.

Um dies richtig zu erfassen, möchte ich an das vorige Kapitel erinnern, in dem darauf hingewiesen wurde, daß unser wahres Sein ein geistiges Sein ist („Höheres Selbst"), und um diesem „wahren Sein" die nötigen Schwingungen aus dem Kosmos zuzuleiten – Informationen, Energien, feinstoffliche Kraftimpulse – hat uns unser Schöpfer mit diesen sieben Chakren begabt, die, ihrer jeweiligen Frequenz entsprechend, uns helfen, als geistiges Wesen unseren Lebensweg emporschreiten zu können.

Worin dies jeweils besteht, über physische Lebensversorgung hinaus, das wird nun der Hauptinhalt sein.

Beginnen wir mit dem unteren Chakra: dem Element Erde zugeordnet, Rot als Lebenskraft (und die Chakren erstrahlen tatsächlich in vorwiegend der dargestellten Farbschwingung); damit ist sichergestellt, daß wir die für unser biologisches Überleben auf dieser Erde nötige Energie erhalten.

Zu jedem Chakra können wir auch eine geistige Bedeutung benennen, hier bei diesem ersten, dem „Wurzelchakra": „Körperlicher Wille zum Sein" – und der ist ja sicher unabdingbar, wenn wir hier inkarniert sind.

Das zweite Chakra, genannt „Sakralchakra" (Sacrum = das Kreuzbein im Rücken; die Chakren befinden sich alle im Bereich der Wirbelsäule mit dem Hauptenergie-Kanal in uns, der Sushumma) mit der Farbe Orange wird dem Element „Wasser" zugeordnet, also dem Fließen in uns. Die geistige Bedeutung lautet: „Schöpferische Fortpflanzung des Seins".

Damit wird unsere Fortpflanzungsfähigkeit sichergestellt, dies Chakra wird auch deswegen manchmal „Sexualchakra" genannt. Aber das wäre zu eng gesehen, denn in einem erweiterten Verständnis ist damit „Kreativität" gemeint, also alles Schöpferische, wozu wir fähig sind, wozu uns dieses Chakra verhilft, also nicht nur der schöpferische Akt der Zeugung und der Empfängnis.

Mit dem dritten Chakra, „Solarchakra", kommen wir zu der Farbe Gelb und damit zu dem Element „Feuer".

Gelb auch als Farbe der Sonne, und es befindet sich in der Wirbelsäule hinten gegenüber dem Sonnengeflecht vorn, dem Solar Plexus, so haben wir den direkten Bezug zur Sonne, dem Ausstrahlen, dem aktiven Prinzip. Dies Chakra unterstützt also unsere Fähigkeit des Handelns, des Bewirkens, so trifft darauf auch die geistige Bedeutung zu: „Gestaltung des Seins".

Ihr merkt, diese unteren drei Chakren haben etwas zu tun mit unserem Hiersein auf der Erde, sie sind ein Beitrag zu unserer Lebensbewältigung.

Mit dem vierten Chakra, dem „Herzchakra" (in der Wirbelsäule hinten in der Höhe unseres Brustbeins vorn gegenüber unserem wahren Herzen, nicht dem Muskel, den wir „Herz" nennen und der unsere biologische Lebenserhaltung ununterbrochen sicherstellt) gelangen wir in eine weitere höhere Schwingung mit der Farbe Grün und über die bisherigen irdischen Bedingungen hinaus.

Mit dem ihm zugeordneten Element „Luft" (ihr merkt die stetige Verfeinerung: Erde – Wasser – Feuer – Luft) gelangen wir in den Bereich, der (wie bei der Chakana, denkt an den Kondor) eine über das Irdische hinausgehende Bedeutung hat und deswegen mit folgender geistiger Bedeutung bezeichnet wird: „Seins-Hingabe".

Über dieses Wort „Hingabe" müssen wir ein bißchen nachdenken. Bisher ging es nur um das Sich-Behaupten auf dieser Erde, und das haben wir als Menschheit Jahrtausende lang erlebt, „ausgelebt", doch nun, in diesem Übergang in die Neue Zeit, geht es darum, darüber hinaus zu wachsen, uns einem höheren

Verständnis zu öffnen, uns „hinzugeben" dem, was unser Schöpfer in seinem Schöpfungs-Plan für uns vorgesehen hat – zum Einssein zu streben. Unsere Hingabe ist nun der erste Schritt, um dem entgegen zu streben.

Das fünfte Chakra, „Halschakra" genannt, im Kehlkopfbereich mit der Farbe Blau, vollzieht den nächsten Schritt nach oben: „Seins-Resonanz" ist seine Bezeichnung, also sich öffnen dem, was wir als inneren Ruf in uns hören können, was in uns „widerhallt", was in uns das anklingen läßt, was uns in „Einklang" mit dem Willen Gottes bringen möchte.

Als Element, nach den vier irdischen – Erde – Wasser – Feuer – Luft – wird dafür „Äther" genannt, also etwas, was in noch feinstofflichere Bereiche hineinreicht.

Jetzt sind wir schon recht hoch gelangt, alles in dem Verständnis, daß dies unseren Weg als Mensch markiert, in ein immer geistigeres Sein hinein.

Das sechste Chakra, das „Stirnchakra", Farbe Indigo, in der Mitte des Kopfes – wir verlassen die Wirbelsäule – bezieht sich auf unsere erweiterte Wahrnehmung. Wir haben dort ringsum unsere Wahrnehmungsorgane für das Sehen, das Hören, das Riechen, das Schmecken (nur der fünfte Sinn, das Haptische, das Anfassen ist außerhalb, in unseren Händen), und nun aber, mithilfe dieser Empfangsantenne, wird unser Wahrnehmungsraum ins Kosmische hinein erweitert.

Der geistige Begriff ist deswegen: „Seins-Wahrnehmung", wobei dieses ins Unendliche erweiterte Sein gemeint ist.

Und abschließend als Krönung – im Englischen heißt der Scheitel „crown" – als Krönung das „Kronenchakra", genau in der Mitte oben auf unserem Kopf, mit der Farbe Violett, der in unserem Farbspektrum am höchsten schwingenden Farbe, und damit ist das Ziel von uns Menschen erreicht und wird so in aller Kürze gekennzeichnet: „Eins-Sein".

Wie oft sind in all den vorigen Texten diese zwei allereinfachsten Worte genannt worden: „Eins-Sein". – Können wir die Tiefe, die Weite erfassen, die in diesen Worten liegen?

Es geht uns allen doch so, daß wir merken: Mit unserem Verstand kommen wir da nicht weiter (er gehört ja auch zum Quadrat, siehe voriges Kapitel), aber zum Glück haben wir mit den Chakren diese Möglichkeit, über die irdischen Begrenzungen hinaus in die geistigen Sphären hineinzureichen, was in uns als Ahnung aufkeimen kann, als leises Hinlauschen, als Intuition, als innere Erfahrung uns geschenkt wird und nicht in Worte gefaßt werden muß – und es ist schon da, auch jetzt schon, es bedarf nur unseres Öffnens.

Denkt an die schönen Schlußworte von Emanuel, als es um seine 8 Punkte geht, und er uns damit hineinheben möchte in dieses erweiterte Bewußtsein, als eine wirkliche innere Erfahrung, jenseits von Worten...
„wenn ihr von der Ewigkeit umgeben, die Stille atmet..."

Abschließend eine kurze Zusammenfassung, die anhand der Chakren den Weg des Menschen beschreibt von seinem irdisch-biologischen Sein zu seinem geistigen Sein, im Sinne von Evolution.

7	Kronenchakra	Eins-Sein
6	Stirnchakra	Seins-Wahrnehmung
5	Halschakra	Seins-Resonanz
4	Herzchakra	Seins-Hingabe
3	Solarchakra	Gestaltung des Seins
2	Sakralchakra	Schöpferische Fortpflanzung des Seins
1	Wurzelchakra	Körperlicher Wille zum Sein

3. Das 6. Kosmische Gesetz

Wenn wir uns den Kosmischen Gesetzen zuwenden, so müssen wir zu den Uranfängen zurückkehren, als unser Schöpfer aus Seinem Willen heraus uns Menschen das Leben einhauchte. Das schenkte uns Lebenskraft, das uns innewohnende erhaltende Prinzip zu sein, und begabte uns mit einem freien Willen. Dieser freie Wille ist etwas Einzigartiges, was uns von den Tieren unterscheidet.

Tiere sind aufgrund des ihnen gegebenen Instinkts abgesichert, um in der Schöpfung ihren Platz zu finden. Doch uns Menschen wird dieser Freiraum gewährt, um uns als „Sein Ebenbild" entwickeln zu können, Erfahrungen zu sammeln, kreativ zu sein, etwas zu schaffen, zu gestalten…

Nur – was wäre, wenn in unserem Überschwang, mit diesem freien Willen, mit diesen kreativen Fähigkeiten, wenn wir all das machen würden, was wir wollten, solange wir noch in unserem Ego gefangen sind, noch nicht im Einklang mit Seinem Willen – ja, was wäre dann?

Zum Glück ist es nicht zu diesem Chaos gekommen, das das Ergebnis eines ungezügelten Handelns und Wirkens gewesen wäre. Denn der Schöpfer hat in Seiner Weisheit Regeln für unser Handeln in dieses Schöpfungs-Geschehen mit hineingegeben, als Regulativ, damit alles der kosmischen Ordnung entspricht – und das sind die „Kosmischen Gesetze".

Schon im ägyptischen Altertum hat ein Alter Weiser namens Hermes Trismegistos sich in diese Gesetze vertieft, herausgefunden, was alles nötig ist, damit Schöpfung ständig weiterhin geschehen kann. Er hat diese Prinzipien in 15 Punkten formuliert (bekannt unter der Bezeichnung „Tabula Smaragdina").

Diese sind für uns rätselhaft formuliert und muten uns mystisch an. Wir brauchen ein einfacheres, von uns faßbares Konzept, um all diese Zusammenhänge zu verstehen, und so sind, in uns entsprechender Weise, die sieben Kosmischen Gesetze daraus entstanden.

Diesen Ursprung möchte ich noch ein bißchen vertiefen, um zu verdeutlichen, daß es wohl gar nicht so einfach war, „hinter alles zu kommen", Schöpfung in ihrer ganzen Tiefe zu verstehen, aus geistiger Sicht, unabhängig von naturwissenschaftlicher Sichtweise.

Deswegen, um dieses Ringen um wahre Erkenntnisse zu dokumentieren, möchte ich einen dieser 15 Punkte in zwei ähnlichen Übersetzungen (es gibt mehrere davon, die sich dem Ursprünglichen anzunähern versuchen) wiedergeben und dann auch das benennen, was als eines der heute bekannten sieben Gesetze daraus geworden ist.

Nun die erste Formulierung, der 11. der 15 Punkte: „Also wirst du haben die Herrlichkeit der ganzen Welt. Deshalb wird von dir weichen aller Unverstand. Dieses einzige Ding ist von aller Stärke die stärkste Stärke, weil es alle Feinheiten überwinden und alle Festigkeiten durchdringen wird."

Zum Vergleich eine verkürzte Übertragung: „Mit der Kraft der Kräfte wirst du jegliches feine Ding bewältigen, wirst du in jegliches grobe Ding eindringen."

Und dies nun in der uns heute zugänglichen allerkürzesten Formulierung: „Alles schwingt." (= das dritte Kosmische Gesetz). – Damit können wir sicherlich schon eher etwas anfangen.

Kurz noch etwas zu dem ägyptischen Alten Weisen: Der Name „Hermes Trismegistos" wird übersetzt mit: „Der dreimal Weise" und wird in Zusammenhang gebracht mit dem ägyptischen Gott Thot, eine Gestalt mit einem Ibis-Kopf, dem Gott des Wissens, der Weisheit.

Im 7. Kapitel wartet in diesem Zusammenhang eine Überraschung auf euch – eine direkte Verknüpfung beider Kapitel!

Wenn ihr neugierig seid, neben dem nun genannten Gesetz „Alles schwingt" auch die übrigen sechs kennenzulernen, so will ich sie hier in der allgemein üblichen Reihenfolge nennen:

1. „Alles ist Geist"
2. „Wie oben so unten"
3. „Alles schwingt"
4. „Gesetz der Polarität"
5. „Alles fließt"
6. „Ursache und Wirkung"
7. „Gesetz der Schöpfung"

In dem hier gegebenen Rahmen, im Zusammenhang mit dem Leitfaden „Wegweiser auf dem Weg des Menschen", möchte ich aber nur auf das 6. eingehen, weil dieses besonders deutlich den Rahmen absteckt, der uns vom Schöpfer gegeben ist, um in verantwortungsvoller Weise mit dem uns übertragenen Gut des freien Willens umzugehen und uns unmittelbar vor Augen zu führen, wie es ist, wenn wir Seinen Willen mißachten.

Nun also zum 6. Gesetz, „Ursache und Wirkung". – Alles, was wir tun, was also die Ursache von etwas ist, hat eine Wirkung. Wir können dem nicht entrinnen, die Folgen unseres Handelns zu spüren, am eigenen Leib – im übertragenen Sinne – werden immer wieder konfrontiert mit den Auswirkungen unseres Tuns.

Es „fällt auf uns zurück" könnte eine Formulierung sein, die sich darauf bezieht. Oder: „Wie du säst, so wirst du ernten." Manchmal ist dies sofort spürbar, wenn wir, um ein einfaches Beispiel zu nennen, unachtsam mit einem scharfen Gegenstand umgehen und uns verletzen.

Jede Folge will uns auf etwas hinweisen, darauf, was wir daraus lernen können, um nicht Schaden anzurichten, um nicht selbst Leid zu erfahren.

In einem weiten Sinne geht es aber auch um unsere Art und Weise, wie wir mit unseren Mitmenschen umgehen, wie wir ihnen körperliches und seelisches Leid zufügen, sie also von unserem Handeln betroffen sind und wir es auf irgendeine Weise wieder gutmachen müssen. Denn sonst bleibt zwischen uns etwas, was noch zu begleichen ist.

Dies kann sich auch beziehen auf schwerwiegendere Themen: Jemanden betrogen zu haben, zum eigenen Vorteil – das wird so lange zwischen uns stehen, bis es bereinigt ist.

Oder, noch dramatischer: Wenn wir jemanden mißhandelt haben, vielleicht sogar die Sünde des Tötens auf uns geladen haben, dann wird unausweichlich dieses Gesetz sich auswirken, über diese Inkarnation hinaus, indem uns aus Gnade in einem späteren Leben die Chance gewährt wird, diesem Menschen zu begegnen, in welcher familiärer oder menschlicher Beziehung auch immer – und dann von innen her – wir haben ja ein Gewissen, das unabhängig von Zeit ist – den Antrieb zu spüren, diesem Menschen in dienender Weise etwas Gutes zu tun.

So sind dies „Bande", die uns über Inkarnationen hinweg als etwas noch nicht Erlöstes begleiten und miteinander verbinden – dafür gibt es das Wort „Karma" – bis wir mit eigenem Einsatz, der nicht immer leicht fällt, unsere Aufgabe des Wiedergutmachens am Anderen erfüllt haben.

All das, was wir als „Verstrickungen" ansehen können, gehört in diesen Gesamtzusammenhang. Und da ist ein weiterer Begriff wichtig: Verantwortung. Es wird uns nämlich durch dieses Gesetz von Ursache und Wirkung vor Augen geführt: Wir sind für alles Tun und Handeln selbst verantwortlich und müssen dafür einstehen.

„Freiheit" kann es nur geben zusammen mit Verantwortungsbewußtsein, dafür sorgt dieses Gesetz, daß wir dies erfahren. Alles, was wir unter „Karma" verstehen, ist also etwas noch Unerlöstes. Unsere ständigen Lebenserfahrungen, Schwierigkeiten in diesem Leben sind Lektionen, die uns auf das hinweisen wollen, was es noch zu lernen gibt: Unser Leben als ein ständiges Lernen aus Erfahrungen.

Wir sind in einer voranschreitenden Entwicklung, langsam, aber stetig, hin zu einem „besseren Menschen", weil wir ja am eigenen Leib die Folgen unseres Handelns spüren, in einer anderen Inkarnation dasselbe erleiden, was wir anderen angetan haben („Was das nicht willst, das man dir tue, das füg auch keinem Anderen zu.").

So reifen wir heran, nehmen uns vor, nie wieder dieses oder jenes Schlimme zu tun (und wir haben alle alles schon mal gemacht), dies spüren wir in uns, so wie wir in unserem seelisch-geistigen Befinden uns heute nicht mehr vorstellen können, dieses oder jenes Böse zu tun.

Da dieses Gesetz als Kosmisches Gesetz universell gilt, über alle Zeiträume hinweg, ist es auch ein sehr gerechtes Gesetz, weil wir alle als Menschen ihm unterliegen. Auch, wenn wir innerhalb unseres Lebens diese weitgespannten Verquickungen nicht überblicken können, so wirken sie sich dennoch aus, und manchmal dürfen wir aus Gnade erfahren (z.B. durch einen Traum, eine Botschaft „von oben"), daß wir unsere Aufgabe am Anderen erfüllt haben, oft dadurch, daß man etwas Schweres auf sich nimmt, z.B. jemanden über lange Zeit unter großer Selbstaufopferung pflegt.

Wenn wir uns also manchmal wundern und uns fragen, wie kann dieser oder jener dies schwere Los auf sich nehmen? In dieser so erniedrigenden Art und Weise? Dann kann die Erklärung sein, daß die Seele um ihre karmische Aufgabe weiß, auch wenn es uns nicht bewußt ist.

Alles zielt auf dieses Eine hin: daß wir als Menschen „irgendwann" unsere Lektionen gelernt haben, ein „guter Mensch" geworden sind und uns somit immer mehr dem Einswerden mit dem Willen Gottes annähern.

Ja, in dieser ganzen Weite können wir dieses Gesetz verstehen, das – zum Glück – unserem freien Willen seine Grenzen aufzeigt und dadurch über Äonen hinweg diese göttliche Schöpfung aufrecht erhält.

4. Die Dimensionen

Ihr merkt, da kommt nicht die Zahl „Sieben" vor –
denn eine siebte Dimension, das können wir uns nicht
vorstellen, müssen wir auch nicht, das ist für uns jenseits
von allem. Wir haben schon genug damit zu tun, hier in
dieser dreidimensionalen Welt zu sein, in ihr zurecht zu
kommen mit ihren Bedingungen. Wir wollen gar nicht so
hoch hinauf, sondern ganz bescheiden hier auf diesem
Boden bleiben, als feste Unterlage, und nicht abheben in
was-weiß-ich für Gefilde.

Gehen wir also zu unseren Grundlagen und machen
uns erst einmal klar, was „Dimension" bedeutet.

Dazu dient ein kleines Vorstellungs-Experiment
(mal seh'n, ob's klappt!): Stellt euch vor, daß ihr
hineingeboren seid in eine Welt, in der es nur Hell-Dunkel-
Unterschiede gibt, also die ganze Bandbreite der Grautöne
von Schwarz bis Weiß. Und das ist ja eine ganze Menge! In
vielen Abstufungen, all den Nuancen in diesem Bereich.

Und ihr seid vollkommen darauf ausgerichtet in all
euren Wahrnehmungen, eurem Handeln, darin zurecht zu
kommen, habt von Kindesbeinen an gelernt, euch danach
zu orientieren, und das geht auch wunderbar. Ihr seid ja
nichts Anderes gewohnt. Ihr seid von den euch
umgebenden optischen Eindrücken vollkommen geprägt
und lebt glücklich und zufrieden in dieser grau getönten
Umgebung in diesem eurem Zuhause.

Schafft ihr das, darin vollkommen aufzugehen? Ja,
seid ihr schon zu so einem Wesen geworden? – Gut, dann

passiert nun Folgendes: Es erscheint – woher auch immer – der Zauberer „Farbenfroh", übertüncht alles mit der unendlichen Vielfalt an Farben, läßt am Himmel den Regenbogen erstrahlen – als Symbol von Farbigkeit, mit seinen feinen Abstufungen der Spektralfarben von Rot über Orange, Gelb, Grün, Blau, Indigo bis zu Violett – könnt ihr euch vorstellen, was da so ein grau gewohntes Wesen für Augen macht?

Es ist ungeheuerlich, was das bedeutet: mit einem Mal diese Erweiterung in die unendliche Weite der Farben, dieses über alles bisher Vorstellbare Hinausgehende, was man erstmal begreifen muß: Was ist eine Farbe im Unterschied zu einem Grauton, also nur einer Helligkeitsstufe, wo es außer Helligkeitsunterschieden nichts Anderes gibt?

Dies ist mit einem Mal eine Erweiterung in etwas ganz Neues, eine vorher nicht vorstellbare Fülle an neuen Eindrücken, eine völlig andere Qualität – und dies nennen wir „Dimension".

Vielleicht macht es euch Freude, „Farben" nun mit anderen Augen zu sehen: Was für ein Reichtum, was für eine „Augenweide", was für ein Geschenk!

Und nun, wenn wir uns dem angenähert haben, was eine „Dimension" ist, dann wollen wir ganz von vorn anfangen: einem Punkt – nichts weiter! – Wieder meine Bitte, euch vorzustellen, wie das ist, wenn wir ein Wesen sind, das nichts weiter kennt: Einfach nur dasein, das genügt. Es gibt kein Bestreben, darüber hinaus zu gelangen. Wir stellen uns weiterhin vor, daß dieses Wesen ganz darin ruht, damit zufrieden ist, ja, sogar glücklich. Denn – es existiert ja – und könnte ewig so weiter bestehen, einfach hier, ganz bei sich.

Dies ist nicht die erste Dimension, nein, denn „Dimension" bedeutet „Ausdehnung", und die gibt es hier noch nicht. Der Punkt ist nulldimensional.

So, wir wollen nun einen Schritt weiter gehen und uns vorstellen, daß wie vorher durch den Zauberer Farbenfroh, etwas Gewaltiges geschieht: hin zur nächsten Dimension, vom Punkt zur Linie – eine unendliche Aneinanderreihung von Punkten zur einer ins Unendliche reichenden Linie. (Und es wird immer im weiteren Verlauf so sein, daß die jeweils vorige Dimension unendlich mal in der nächst höheren aufgeht.)

Schafft ihr es, euch vorzustellen, wie das nulldimensionale Wesen sich verwundert die Augen reibt, wie sich vor ihm etwas an Möglichkeit eröffnet, was vorher nicht vorstellbar war: eine Richtung vor sich zu haben, der man folgen kann, immer geradeaus, immer vorwärts, ja, es hört ja gar nicht auf – was für eine Erweiterung in diese unendliche Weite – in fernste Fernen, es kann sich umwenden und genauso die Unendlichkeit vor sich haben. Was für eine Freiheit! – Und natürlich ist dieses Wesen überglücklich, kann für ewige Zeiten sich dieses Seins erfreuen.

Von euch wird weiterhin viel Einfühlungsvermögen verlangt, denn nun kommt der Sprung von der ersten Dimension, der Linie, in die zweite, die Fläche.

Da könnt ihr die gleichen Formulierungen anwenden: Von nur dieser einen Linie hin zu einer unendlichen Vielzahl an Linien (es ist wirklich immer wieder von Null zur Unendlichkeit), die eine Fläche bilden: links-rechts, vorn-hinten, oh, da kann ich ja mit einem Mal alle Richtungen gehen, dann wechseln, kann geradeaus gehen, in Kurven, in Schrägen – was für eine unglaubliche Erweiterung meiner Möglichkeiten!

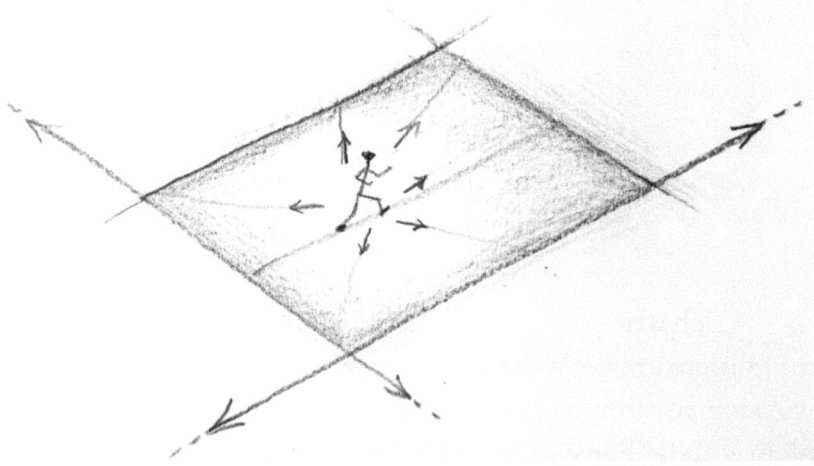

Auch dieses zweidimensionale Wesen ist glücklich, könnte ewig so weiter existieren…

Bis der Moment kommt, in dem wir uns befinden. Es kommt die dritte Dimension hinzu: Außer links-rechts, vorn-hinten auf der Fläche gibt es mit einem Mal auch oben und unten, Länge-mal-Breite-mal-Höhe, was uns hier so selbstverständlich erscheint, was unseren Orientierungsrahmen darstellt, das Koordinatenkreuz, was unser Leben von Geburt an bestimmt, in dem zu leben wir gelernt haben, vorsichtig krabbelnd, tastend alles erforscht haben – oh, was waren die ersten Schritte, zur Freude der Eltern, eine begeisternde Bestätigung: Ich kann ja gehen, habe all die Möglichkeiten, mich in dieser Welt zurechtzufinden, in Raum und Zeit...

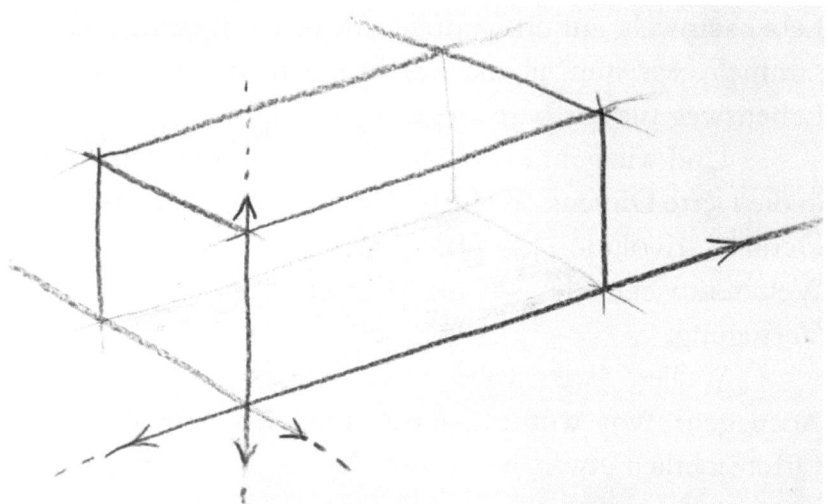

Vor allem die zur Fläche hinzukommende dritte Richtung, unten-oben, ist für uns faszinierend, denn das war bisher in unserer Erfahrungswelt auf der Fläche noch nicht möglich. Wir können deswegen voller Begeisterung tauchen, tief im Meer nach unten streben – und wieder nach oben, oder können in die Lüfte entschweben, als Segelflieger, mit einem Flugdrachen uns von einem hohen Berg stürzen, können über den Wogen des Meeres beim Surfen uns empor schwingen, über die Schwere der Erde hinaus, eine Treppe emporsteigen – all das sind euphorische Momente, und wir können nachempfinden, welche zusätzliche Orientierung in dieser vertikalen Richtung bei Fischen oder Vögeln zu ihrem Erfahrungsspielraum gehört – welche Erweiterung der Bewegungsmöglichkeiten!

Wieder können wir sagen: Ja, wir können glücklich sein, wir sind angekommen in der uns entsprechenden Lebensumwelt, auf uns geprägt, für uns vorgesehen. Darin sammeln wir nun all die Erfahrungen, die auf unserem Lebensweg für uns bereitliegen.

Und wie geht es weiter? Trauen wir uns den Schritt in die vierte Dimension? Liegt dies im Sinne der Evolution? Denn „Evolution": Das ist etwas sich ständig Weiterentwickelndes – die Ewigkeit steht dafür zur Verfügung.

Wollen wir wieder in dieses Gedankenspiel einsteigen? Was würde „vierte" Dimension bedeuten? – Offensichtlich etwas, was unsere Vorstellung von „Raum" in etwas unendlich Weiteres führen müßte, in demselben Maße, wie das Zweidimensionale sich vom Dreidimensionalen unterscheidet, in eine für uns noch unfaßbare Weite und Freiheit hinein. – Hilft uns dabei ein bißchen eine behutsame Ahnung, wie das sein könnte – außerhalb von Zeit und Raum?

Vielleicht gehört in diesen Zusammenhang der Hinweis, daß wir ja in unseren Träumen auch „außerhalb von Zeit und Raum" sind und wir dies im Moment des Träumens als „Wirklichkeit" erleben – ja, was ist „Wirklichkeit"?

Wir können aber, aufgrund der Erkenntnis, daß Evolution, Schöpfung nichts Abgeschlossenes ist, sondern sich in einem ständigen Weiterfließen befindet, wir können davon ausgehen, daß uns als Spezies „Mensch" auch dies bevorsteht: in etwas sehr viel Weiteres hineinzuwachsen.

Außer beim Träumen können wir auch in der Meditation in einen anderen Zustand gelangen, der uns unseren Körper und Zeit vergessen läßt: einfach bei sich sein, in dieser inneren Stille, die nicht nichts ist, sondern im Gegenteil eine Fülle von tiefinnersten Erfahren uns schenkt – eine Vorahnung unseres nächsten Schrittes als Mensch in dieser Zeit des Übergangs – ja, wir sind bereits in diesem Übergang in die nächste Dimension – spürt einfach hin, seid wach und bewußt, dann wird es sich offenbaren…

5. Wanderlied

Ja, dieser Titel klingt anders – klingt unbekümmert, heiter – hinaus in die Welt! Denn Wandern – das löst in uns sofort die Bereitschaft aus, uns Wanderschuhe anzuziehen, aus der Enge des Hauses in die Weite draußen, an die frische Luft, vielleicht in die Berge, hoch hinauf, ein Ziel vor Augen…

Wie ich auf dieses Lied gekommen bin? Das liegt jetzt über 60 Jahre zurück: Mit unserem Musiklehrer, einem begeisterten Bergwanderer, im 12. Jahrgang mit unserer Klasse in Hinterriß in Österreich, wirklich hoch hinauf, Tageswanderungen, er mit gleichmäßigem, steten Schritt, wir in unserem Übermut manchmal weit voraus, werden zurückgepfiffen, bis auch wir den Sinn eines ruhigen Rhythmus beim Schreiten einsehen und den jugendlichen Überschwang zügeln und das Herz ruhiger schlagen spüren…

Ja, und er als Musiklehrer hat uns natürlich einiges beigebracht, und – ich weiß nicht, wie und warum – da ist dieses Wanderlied wieder aufgetaucht – einfach so, nach so vielen Jahren!

Ich merke beim Inhalt: Das hat ja was mit dem Thema dieses Buches zu tun, dem Weg des Menschen! – So findet es nun Eingang nach den Symbolen in der Erweiterung, und auch das paßt gut: Mit jedem Wanderschritt kommen wir auf unserem Weg voran.

Nach dieser Einleitung ist es nun an der Zeit, euch das Lied zu offenbaren. Es stammt von Josef von Eichendorf. Hier ist es:

„Mich brennt's in meinen Reiseschuh'n,
fort mit der Zeit zu schreiten.
Was wollen wir agieren nun
vor so viel klugen Leuten,
vor so viel klugen Leuten?

Da geht der Eine müde fort,
der Andre naht behende,
das alte Spiel, mal spielt's sofort,
und kriegt es nie zuende,
und kriegt es nie zuende."

Mir ist dabei der besondere Charakter dieses Liedes aufgefallen. Vielleicht kennen es einige, können auch die schöne Melodie gleich mitsingen? – Es geht über den üblichen Rahmen hinaus, wenn sonst die Natur besungen wird, in die wir wandern, z.B. „Im Frühtau zu Berge…"

Hier ist gleich eine Erweiterung erkennbar: „fort mit der Zeit zu schreiten…"

In dieser Formulierung steckt die Erkenntnis, daß wir der Zeit unterliegen, unserer Lebenszeit; es ist also keine einfache Tageswanderung, um die es hier geht, sondern unseren Lebensweg.

Mit den Worten „Mich brennt's in meinen Reiseschuh'n" zeigt sich, daß wir es gar nicht abwarten können, den ersten Schritt zu tun, hinein in dies „Abenteuer Leben".

Dann geht es gleich weiter: „Was wollen wir agieren nun..." – das bezieht sich ja auf uns als Akteure, als Schauspieler, die hier in dieser Welt eine Rolle übernehmen und sie als Darsteller auf dieser Weltbühne auch möglichst gut spielen wollen.

Denn da gibt es ja Zuschauer, die unser Rollenspiel beobachten: „...vor so viel klugen Leuten..." Das klingt nach „Sich-bewähren-Müssen", der gewählten Rolle entsprechen müssen, daran wird das Urteil geknüpft: Erfülle ich meine Aufgabe gut?

Und dies ist ein bemerkenswertes Thema: wir als Schauspieler auf der Weltbühne in einer bestimmten Rolle – so, wie wir sind, uns geben, handeln, fühlen und sprechen, ganz lebensecht, als wir selber, als Kind, als Eltern, mit einem bestimmten Beruf, in einem bestimmten Verhältnis zu den uns umgebenden Mitmenschen...

Werden wir unserer Rolle gerecht? Sind wir uns überhaupt dessen bewußt, daß wir mit einer zu erfüllenden Aufgaben den Schritt in diese Welt getan haben, unsere Rolle vorher gut gelernt haben, und nun geht der Vorhang auf, wir werden mit Klatschen begrüßt, und nun geht es los...?

Weiß ich meine Rolle noch? Ist mir der Inhalt meiner Rolle bewußt? Wieviel Herzklopfen habe ich, wieviel Lampenfieber, „vor so viel klugen Leuten"?

All das ist dann der Inhalt des Voranschreitens, des Durchwanderns unseres Lebenszyklus. Und in der zweiten

Strophe steuert es schon gleich auf den Abschluß dieses Theaterstücks zu: „Da geht der eine müde fort..." – nach den Schlußworten, voller Erleichterung, ich bin nicht in meinem Text stecken geblieben, ich habe ihn noch gewußt!

Gibt es Applaus? Brauche ich den? – Auf jeden Fall: Der Vorhang fällt (wie es so schön heißt, weil er früher tatsächlich fiel), und dann...?

Da ist vom „Fortgehen" die Rede – wohin? Das läßt dieses Lied offen, weist aber gleich hoffnungsvoll darauf hin, daß das Spiel weitergeht: „Der Andere naht behende..." – um dasselbe Spiel von vorn zu beginnen. Und „behende" bedeutet ja: wieder voller Mut, voller Lebensfreude...

Und dann wird da von dem „alten Lied" gesprochen, daß also seit Urzeiten immer wieder von Neuem Menschen diese Erde betreten möchten, ihren Beitrag zu diesem Leben auf der Weltbühne leisten möchten, und so fort und so fort...

„...und kriegt es nie zuende", und dieselben Worte auch noch als Refrain, um diese Kontinuität zu unterstreichen.

Das kann uns veranlassen, dieses Gehen und Kommen zu reflektieren: Sind wir diejenigen, die jeden Abend in einem Schauspielhaus die Bühne wieder betreten und die auswendig gelernte Rolle so lebendig wie möglich darstellen?

Denn dies ist im wirklichen Leben bestimmt nicht so, daß wir in jeder Inkarnation mit derselben Aufgabenerfüllung betraut sind, nein, wir sind einen Schritt weitergekommen, haben daraus gelernt, wollen es beim nächsten Mal besser machen, wachsen in eine neue – gute, wichtige – Rolle hinein, übernehmen voller Tatendrang – froh, wieder inkarniert zu sein – all die in unserem Lebensplan – einem neuen, anderen Theaterstück! – vorgesehenen Aufgaben, stellen uns den zu bewältigenden Schwierigkeiten, sind so in dem ewigen Fluß des Lebens...

„Und kriegt es nie zuende..." – ja, das ist eben die Frage. Der Autor des Liedtextes läßt es offen, denn unter „nie" kann man sich nichts vorstellen – wann ist das?

Ein absolutes „Nie" kann es nicht geben, weil Schöpfung in sich einen Plan birgt, eine Entwicklung, die auf etwas hinsteuert, in immer höhere, lichtere Ebenen hinein.

Und dann sind wir mit einem Mal nicht mehr auf dieser Weltbühne, sehen sie von oben, ach ja, da hast du mal gewirkt, eine Rolle gespielt, doch nun tut sich etwas Neues auf, etwas ganz Weites, nicht in der Enge der kleinen Bühne da unten...

Ihr merkt, dem Lied haben wir viele Erkenntnisse zu verdanken. Nicht umsonst ist es aus der zeitlichen Versenkung wieder in mir aufgetaucht, damit ihr genauso eure Gedanken um das kreisen lassen könnt, was dies einfache kleine Wanderlied an Tiefe enthält.

Dem Autor des Liedes sei Dank!

6. Die Metta Sutta

Wenn ihr meint, das kommt uns bekannt vor – dann kann ich euch nur zustimmen. Wißt ihr auch noch, in welchem Zusammenhang? – Und wenn ihr dann antwortet: „Ja, da war doch was mit der Nadine, diesem knispeligen alten Frauchen, das den Text sogar auswendig wußte in dem zweiten Band der ‚Wundersamen Erlebnisse‘!" – dann kann ich nur staunen über euer Gedächtnis.

Und vielleicht fällt euch dann sogar noch die Überschrift der Geschichte ein, ja? „Tschernobyl" sagt ihr? Ich staune noch mehr und wenn ihr euch dann noch daran erinnert, daß Ellinor das erzählt hat – weil sie alleine dabei war – und daß das in der Meditationshalle in Roseburg geschah, im Rahmen eines Schweige-Seminars, dann kann ich euch nur beglückwünschen zu euren Erinnerungsvermögen.

Vielleicht kommt ihr dann sogar auf die Idee, diesen Text auswendig zu lernen. Wenn Nadine das konnte, warum nicht ihr auch? Könnt ihr euch das vorstellen, euch das zutrauen, einfach mit den ersten Zeilen anzufangen, sie euch einzuprägen, immer wieder sie zu wiederholen, bis sie euch zu eigen geworden sind?

Und so, Tag für Tag, ein Stückchen weiter? Bis ihr merkt, oh, ich bin ja unten angekommen, weiß ich wirklich schon diesen langen Text? Wie werdet ihr euch dann fühlen – so wie Nadine, die diesen inneren Schatz jederzeit heben kann? – Wär' das was?

Dann habt ihr eurer Erinnerungsfähigkeit einen guten Dienst erwiesen, denn mit jedem Wiederholen, mit jedem im Raum Hin-und-Hergehen, laut die Metta Sutta aufsagend, fördert ihr euer Gedächtnis, euer Einprägungs-Vermögen, und das wird sich allgemein auswirken in eurer Wachheit, in eurer Wahrnehmung in eurem Umfeld, im Da-Sein.

Nach diesem kleinen Ausflug in Lern-Psychologie wartet ihr bestimmt schon darauf, die Metta Sutta nun vor Augen zu haben. Und da ist sie:

Wem klar geworden,
daß der Frieden des Geistes
das Ziel seines Lebens ist,
der bemühe sich
um folgende Gesinnung:

Er sei stark, aufrecht
und gewissenhaft, freundlich,
sanft und ohne Stolz.
Genügsam sei er,
leicht befriedigt,
nicht viel geschäftig
und bedürfnislos.
Die Sinne still, klar der Verstand,
nicht dreist, nicht gierig,
sei sein Verhalten.
Auch nicht im Kleinsten
soll er sich vergehen

wofür ihn Verständige
tadeln könnten.
Mögen alle Wesen
glücklich sein und Frieden
finden.

Was es auch an
lebenden Wesen gibt:
ob stark oder schwach,
ob groß oder klein,
ob sichtbar oder unsichtbar,
fern oder nah,
ob einer Geburt zustrebend –
mögen sie alle glücklich sein.

Niemand betrüge
oder verachte einen anderen.
Aus Ärger oder Übelwollen
wünsche man keinem
irgendwelches Unglück.

Wie eine Mutter
mit ihrem Leben
ihr einzig Kind behütet
und beschützt,
so möge man für alle Wesen
und die ganze Welt
ein unbegrenzt gütiges
Gemüt erwecken:

ohne Haß, ohne Feindschaft,
ohne Beschränkung
nach oben, nach unten
und nach allen Seiten.
Im Gehen oder Stehen,
im Sitzen oder Liegen
entfalte man
eifrig diese Gesinnung:
Dies nennt man
Weilen im Heiligen.

Wer sich nicht
an Ansichten verliert,
Tugend und Einsicht gewinnt,
dem Sinnengenuß
nicht verhaftet ist –
für den gibt es keine Geburt mehr.

So, dies ist also die Metta Sutta, in ihrer vollen Länge, die wir indischer Weisheit zu verdanken haben aus der Zeit Buddhas, vor 2500 Jahren.

Wenn es nun darum geht, sich dem Gehalt dieser vielen Worte anzunähern, so könnt ihr euch denken, daß man nicht der Reihe nach auf alles eingehen kann. Das ist auch nicht nötig, denn es fallen einige Kern-Formulierungen auf, die für unser Verständnis aufschlußreich sind.

Zunächst einmal geht es um die Einführung, die als wichtigstes Lebensziel „den Frieden des Geistes" in den

Mittelpunkt rückt. – Wahrer innerer Friede – das bedeutet, entsprechend den danach folgenden Worten, frei zu sein von allem Anhaften, hinzugelangen zu einer bestimmten Grundhaltung dem Leben gegenüber in dieser Welt, mit all ihren Anforderungen, Versuchungen und Ablenkungen, zu einer Grundhaltung, die hier folgendermaßen bezeichnet wird: „ein unbegrenzt gütiges Gemüt erwecken…" – also ein Wesen der Güte zu werden, dessen Güte sich in allem auswirkt.

Das Wort „unbegrenzt" wird dann in vielen verschiedenen Formulierungen ausgeweitet auf alle nur denkbaren Verhaltensweisen, die uns sicherlich sehr anspruchsvoll vorkommen, bei denen nichts ausgelassen wird, was an positiven Eigenschaften und Handlungen wir uns zu eigen machen sollten, auf unserem Weg durch all die Lebenserfahrungen, um dieses Ziel zu erreichen: dieses „unbegrenzt gütige Gemüt".

Die vielen Beispiele, die genannt werden, worin sich diese Güte zeigen sollte, können bei jedem von uns zu einer Selbst-Reflektion führen, indem wir uns fragen, wie weit wir selbst noch in diesem oder jenem verhaftet sind, es z.B. kaum schaffen, „nicht viel geschäftig" zu sein oder „bedürfnislos". Diese Anforderungen können uns sehr herausfordernd erscheinen, als ein nur schwer zu verwirklichendes Ideal in dieser unruhigen, hektischen, geschäftigen Welt.

Wir brauchen dann aber nur an den Anfang zu denken, an dem das Wort „Ziel" gebraucht wird, dann relativiert sich für uns ein bißchen dieser hohe Anspruch, und wir können all die genannten ethischen Forderungen einordnen in eine realistische Einschätzung unserer eigenen Lebenserfahrungen und Möglichkeiten.

Wir gelangen ja Schritt für Schritt auf unserem Lebensweg voran, entwickeln uns, reifen heran, werden geläutert, lernen durch Erfahrungen, sind sicherlich inzwischen ein verständnisvollerer, gütiger, hilfsbereiter Mensch geworden – und so dürfen wir ganz bescheiden unseren eigenen Maßstab an uns anlegen, müssen nicht in so absoluter Weise uns beurteilen und nur all das sehen, was da noch in uns fehlt, um dies hohe Ziel zu erreichen...

Es ist aber gut, daß in so umfassender Weise hier einmal formuliert wird, was dem Menschen als Geschöpf auf dieser Erde als Ziel seines Lebensweges mitgegeben wurde, daß wir alle in uns dieses tiefe Bestreben haben und wissen: Ja, all dies würde zu einem friedlichen Miteinander beitragen, würde den „Plan Gottes" – das, was Er mit uns Menschen vorhat – einer Verwirklichung näherbringen.

Dazu passen auch folgende Worte:

„In uns selbst muß es hell und warm werden,
damit es um uns hell und warm wird."
(R. Saitschick)

Es muß nicht in allen Einzelheiten auf den hier ausgebreiteten Inhalt eingegangen werden – die Metta Sutta ist nun in eure Hände gelegt. Die Worte können in euch wirken. Sie erschließen sich nach und nach, wir können sie immer mehr auf uns beziehen, bis sich unser Verständnis von innen her zu Worten formt, um auszudrücken, welche Erkenntnis uns geschenkt wurde.

Und zum Schluß zum Schlußsatz, der für uns bestimmt sehr bemerkenswert ist, der sich darauf bezieht, was dann sein wird, wenn wir all dies in unserem Leben erfüllt haben sollten: „...für den gibt es keine Geburt mehr."

Sicherlich eine erstaunliche Formulierung: „...keine Geburt mehr". – Dies verstehen wir dann, wenn wir es im Zusammenhang mit unserem bisherigen „Immer-Wiederkommen" sehen, unseren vielen Reinkarnationen, die ja solange nötig sind, bis wir alle Lektionen gelernt haben – in der „Schule des Lebens" – auf unserer langen Reise zur Vollkommenheit.

Und hier, am Schluß der Metta Sutta, wird nun ein Ausblick formuliert, der uns Hoffnung schenkt: Wenn wir wirklich zu diesem „Frieden des Geistes" gelangt sind, eins geworden mit dem Willen Gottes, dann – ja, dann sind wir nicht mehr in diesem „Rad der Wiedergeburten" befangen, in diesem ständigen Kreislauf, sind jenseits dieses Anhaftens und gelangen stattdessen in etwas, was darüber hinausreicht – in eine Freiheit, eine Weite, die wir nur erahnen können.

Und wir <u>werden</u> dies „eines Tages" erleben – jenseits unseres irdischen Zeitverständnisses.

Freuen wir uns darauf!

7. ZEIT

Vielleicht möchtet ihr mich fragen: Traust du dich wirklich an dieses Thema heran? Darüber haben doch schon so viele geschrieben – Philosophen, Historiker, Dichter, Wissenschaftler – was soll denn da noch kommen?

Nun, die ZEIT schreitet voran, und wir sind in diesem lebendigen Entwicklungsstrom, in dem sich Neues ständig offenbaren, das bisherige Verständnis erweitern möchte – ja, es fließt, wie es in dem 5. Kosmischen Gesetz heißt: „Alles fließt".

Das können wir an uns selber erleben, wie wir mit einem Mal etwas verstehen, was wir bisher noch nicht verstanden haben. Das sind Geschenke des Lebens, und wenn ich mich jetzt diesem Kernthema als Abschluß dieses Buches widmen möchte, so lasse ich, entsprechend dem, was in mir auftaucht, die Gedanken fließen und lausche in mich hinein, was für euch wohl in diesem Moment von Bedeutung sein könnte.

So beginne ich mit der allem zugrundeliegenden Frage: Was ist ZEIT überhaupt? (Seiner Bedeutung entsprechend möchte ich dieses Wort immer groß schreiben.) – Nähern wir uns dieser Frage auf ganz einfache Weise an: Wir haben ja dafür die Begriffe „Vergangenheit", „Gegenwart" und „Zukunft".

Doch über „Vergangenheit" können wir sagen: Sie ist nicht mehr da. Und über „Zukunft" können wir sagen: Sie ist noch nicht da. – Was als Zukünftiges sich uns nähert und als Gegenwart in unser Leben tritt, ist im selben

Moment auch sofort schon, unmittelbar, zu Vergangenheit geworden. Da ist kein Haarbreit dazwischen – ja – wo bleibt da die ZEIT selbst? So kriegen wir sie nicht zu fassen – doch dennoch leben wir ja – wie es heißt „in ZEIT und Raum".

Wir wollen es gar nicht so kompliziert machen: Es geht nicht um etwas Meßbares, Festzuhaltendes, sondern wir sind mit unserem Bewußtsein im Leben verankert, erleben uns in diesem Lebensmoment zwischen Zukunft und Vergangenheit, können uns aufgrund unseres Erinnerungsvermögens Vergangenes „vergegenwärtigen" und uns ebenso Zukünftiges vorstellen, mit all den damit verknüpften Bildern und Gefühlen, wie z.B. Vorfreude. Unser Bewußtsein vereint alles zu dem, was unser Erleben im Hier und Jetzt ausmacht.

Ihr könnt euch nicht daran erinnern, einmal nicht gewesen zu sein – stimmt's? Das ist das Geschenk unseres Schöpfers: Die Ewigkeit ist immer schon da.

In einem ersten Teil möchte ich euch zu genau diesem Punkt drei Zitate anvertrauen, die auf unterschiedliche Weise sich darauf beziehen: Unsere von uns erlebte ZEIT ist etwas ewig Geschehendes.

Es geht also in allem Folgenden um die Art und Weise unseres Erlebens, und das muß nicht gemessen, gezählt werden. Die Uhr-ZEIT begleitet uns wohl, sie ist aber nicht unsere erlebte ZEIT.

Sie hilft uns natürlich zur Orientierung in diesem Raum, in den wir auf dieser Erde gestellt sind. Bei einer

Verabredung fragen wir immer: „Wann und wo?", und dann können wir uns in „ZEIT und Raum" begegnen.

Nun zu den Zitaten, die hier abgedruckt sind (von Ellinor aufgeschrieben), die ich euch anheimgebe. Ihr werdet spüren, wie sie euch berühren, wie ihr euch darin wiederfinden könnt.

So erhaltet ihr sie im Vertrauen, daß ihr euch ZEIT nehmt, um die Tiefe, die in diesen Worten enthalten ist, auf euch wirken zu lassen.

Wisse, daß die Ewigkeit
jetzt ist und daß weder
Vergangenheit noch Zukunft
getrennte Zeitepochen sind.
Alles ist innerhalb der Seele
– dem ewigen Jetzt –
eingeschlossen. Deine Reaktion
auf das Jetzt gestaltet
deine Zukunft. Schaue nie
in die Zukunft und erwarte
dies oder jenes von ihr, denn
das hieße in Angst leben.
Lebe jetzt mit Gott, und
deine Zukunft kann nur
Freude sein.

White Eagle

ZEIT

Die Zeit, das ist Vergangenheit und Zukunft:
was vergangen ist, ist Zeit, was kommen wird, ist Zeit.
Der Augenblick aber ist Teil der Ewigkeit,
denn der Augenblick vergeht nicht, er ist immer.
Über den Augenblick bist du mit der Ewigkeit verbunden.

In diesem Moment ist nichts, was kommt.
In diesem Moment ist nichts, was geht.
Es gibt also keine Geburt und keinen Tod,
die zu Ende gebracht werden müssen.
Daher die absolute Ruhe in diesem Moment.
Alles liegt in diesem einen Moment,
und es gibt kein Ende dieses Moments,
und darin liegt die ewige Wonne.

Hui Neng (Taoismus)

Ich bleibe noch beim Zitieren mit einem weiteren Beispiel aus einer kleinen Kirche in Tann in der Rhön. Der Autor dieser Worte, Franz Erhard Walther, hat in diese Formulierungen sein tiefes Verständnis von „Mensch in ZEIT und Raum" hineingelegt.

Das Farbfoto zeigt den Originaltext in der Kirche hinter dem Altar. Ihr empfindet wahrscheinlich die Farbgebung und die Größe genauso beeindruckend wie ich, vor allem an diesem Ort, was bezeugt, daß in diesem kirchlichen Rahmen Inhalt und Gestaltung (gemalt von Gisbert Seng) in seinem religiösen Charakter anerkannt wurde.

Und nun die Übertragung als Schriftbild:

ZEIT MODELLIERT
DIE GEGENWART
GLAUBE BAUT
DEN SOCKEL
FORM DER RUHE
UEBERGANG UND
WECHSEL ZUGLEICH
KOERPER DEM RAUM
GEGENUEBER
DER ORT
IM KOPF
MODELLIERT
DIE FESTIGKEIT
DES AUGENBLICKS

Ich möchte euch in Stille davor verweilen lassen. Ganz von allein wird der Zugang dazu wachsen.

Nach diesem ersten Teil mit der behutsamen Annäherung an die Frage: „Was ist ZEIT?" möchte ich in einem zweiten Teil voranschreiten mit der Frage: „In welcher ZEIT leben wir?"

Dazu möchte ich in der ZEIT zurück gehen bis ins Jahr 1976 zu dem Autor Hoimar von Ditfurth, als sein Buch „Der Geist fiel nicht vom Himmel" (Hoffman & Campe Verlag) veröffentlicht wurde. Da geht er als Naturwissenschaftler, als Biologe, auf die Bewußtseinsentwicklung des Menschen ein, wie sich so nach und nach unser Gehirn bis zum heutigen Zustand in fortschreitender Weise in Anpassung an die Evolution geformt hat.

Er sieht dies jedoch noch, wie der Titel sagt, aus rein biologischer Sicht: „Bewußtsein" als Produkt unseres Gehirns.

Erstaunlicherweise, nur wenige Jahre später, im Jahre 1981 (im selben Verlag) der Titel: „Wir sind nicht nur von dieser Welt". – Ihr merkt den Erkenntnisschritt vom Naturwissenschaftlichen zu einem geistigen Verständnis.

Für einige von euch, die ihr dies lest, scheinen die Jahre 1976 und 1981 vielleicht weit weg, aber beide Bücher sind weiterhin aktuell, vor allem das zweite, weil er darin einen Blick in die Zukunft wagt aufgrund seiner biologischen Kenntnisse, daß nämlich unser Gehirn auf einen Bewußtseinssprung vorbereitet ist, der in diesen

Jahrzehnten zu erwarten sei, und er fragt sich: Was wird da in uns vor sich gehen, wer werden wir dann sein, mit diesem erweiterten Bewußtsein, das eben doch nicht vom Gehirn „geschaffen" wird: Das Gehirn ist nur das Gefäß auf dieser irdischen Ebene – in das so etwas wie „Geist" einfließen kann.

Dies sind seine Rückschlüsse aufgrund der Beobachtung vorheriger evolutionärer Abläufe. Und er muß zugeben, noch nicht das entsprechende Wort dafür zu haben, wenn in uns diese „Erwachen" in eine Bewußtseinserweiterung geschieht, wer oder wie wir dann sein werden. Er formuliert es folgendermaßen so, um überhaupt eine Andeutung für unser Sein in der Neuen ZEIT zu geben: Vielleicht wie „Engel"?

So, wie wir eine bestimmte Vorstellung von so einem Wesen haben, das nicht dem Irdischen angehört, sondern einer höheren Sphäre zugeordnet wird – daß also in irgendeiner Weise wir uns einem geistigen Sein mehr annähern würden.

Was für eine Aussage – wohl als Vermutung geäußert, aber auf Grundlage seiner biologischen Erkenntnisse – für einen Naturwissenschaftler!

Und ein drittes Buch gehört in diesen Zusammenhang, nur ein Jahr nach dem zuletzt genannten erschienen: Fritjof Capra, „WENDE-ZEIT", Scherzverlag, 1982.

In diesem grundlegenden Werk – immer noch aktuell – werden all die Veränderungen analysiert in Politik, in Wissenschaft, im Selbstverständnis des Menschen und aufgrund dieser Bestandsaufnahme zu einem Umdenken aufgefordert: von einem mechanistischen Weltbild zu einem geistigen, werteorientierten Verständnis dessen, was „Leben" bedeutet, mit all der Verantwortung, die der Schöpfer uns für diese Erde übertragen hat.

Es ist spannend zu sehen, wie Capras Thesen sich inzwischen bestätigt haben: Die „WENDE-ZEIT" ist inzwischen in vollem Gange, wir erleben, wie das Beherrschen-Wollen der Erde, die Ausbeutung immer mehr ersetzt wird durch ökologisches Denken, die „Fridays-for-Future-Bewegung" organisiert weltweite Demonstrationen, überall wird die Notwendigkeit des Umdenkens und eines bewahrenden Handelns anerkannt, weg von den fossilen Energien, hin zu Windkraft, Solar-Technik, Wasserstoff – all dies ist schon dabei, sich zu erfüllen, Frauenbewegungen weltweit, im Iran, um nur ein Beispiel zu nennen, von einer Vorherrschaft des Mannes zu einer Gleichwertigkeit der Geschlechter, Toleranz, Verständnis – diese Stichworte sind Teil dessen, was zur ZEIT geschieht, was die Antwort gibt auf die Frage: „In welcher ZEIT leben wir?"

Ja, wir leben in einer ZEIT des Wandels, des Umbruchs, der Neu-Orientierung. In dem Zusammenhang ist es auch interessant, auf eine Prophezeiung aus dem 11. Jahrhundert zu schauen, von Johannes von Jerusalem. Da spricht er davon, daß von ihm aus gesehen in tausend Jahren, also in unserer Jetzt-ZEIT, „die Frau das Zepter ergreift". Wie wahr – wie viele Frauen sind inzwischen weltweit führend in der Politik, mit ihrer Art zu handeln, zu sprechen, zu fühlen…

Das knüpft an das Kapitel „Yin und Yang" an, in dem auch die Rede davon ist, daß nichts überwiegen sollte – wie das Yang-Prinzip bisher, mit seiner Härte, seiner Stärke bis zur Gewalt, Jahrhundertelang – sondern alles nun in ein Gleichgewicht kommen, sich das Behutsame, Nicht-Gewalttätige des Yin-Prinzips in besänftigender Weise ausbreiten sollte.

Damit komme ich zu einem abschließenden Teil, das einen noch weiteren Bogen zieht in einem spirituellen Sinn, was in dieser besonderen ZEIT an Kräften wirkt und uns vieles, was geschieht an Turbulenzen, erklären hilft und in einen Gesamtzusammenhang einfügt.

Dazu möchte ich Folgendes zusammenfügen: Wassermann-ZEIT-Alter – und Pfingsten. Ja, das mag auf den ersten Blick merkwürdig klingen, aber die folgenden zwei Abbildungen – das Sternzeichen „Wassermann" und die ägyptische Papyrus-Darstellung – können uns helfen, diese Verknüpfung zu verstehen: „Wassermann" – das ist „der Mann, der den Krug auf der Schulter trägt". Und was ist in dem Krug? Wasser! Im übertragenen Sinn bedeutet dies: „Geist". Das heißt, in dem schon begonnenen Wassermann-ZEIT-Alter (nach dem Fische-ZEIT-Alter, jeweils immer gut 2000 Jahre andauernd, aufgrund astronomischer Kenntnisse) wird nun „der Geist ausgeschüttet" – so, wie Hoimar von Ditfurth es ahnte: „Wir sind nicht nur von dieser Welt" und dies mit einem bevorstehenden Bewußtseinssprung in Verbindung brachte, also jetzt etwas geschieht – für die gesamte Menschheit (und wir befinden uns alle in dem selben kosmischen Geschehen), was vor 2000 Jahren den Jüngern Jesu zuteil wurde und sie mit dem Pfingstgeschehen befähigte, ohne Angst in die Welt zu gehen und das Werk der Verkündigung zu beginnen.

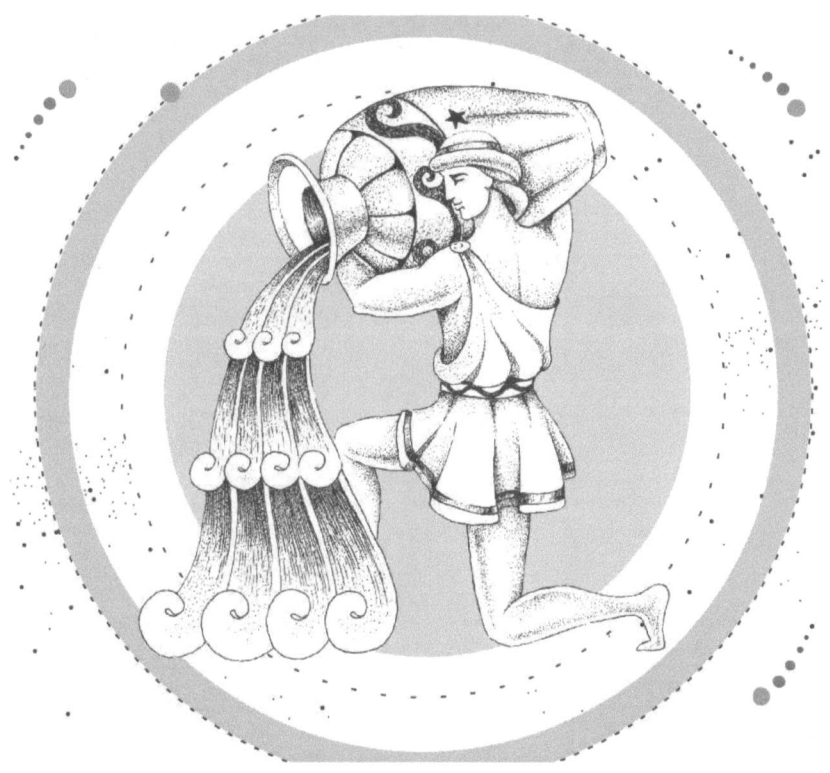

Und der Papyrus? Er kam auf merkwürdige Weise in unsere Hände: Wir, als Deutsche, sind in Peru und bekommen dort von unserem peruanischen Freund Carlos, chinesischer Abstammung, diesen Papyrus überreicht, den er kurz zuvor auf einer Reise nach Ägypten erworben hat und uns nun schenken möchte.

Und dieser Papyrus, hier abgebildet – das ahnt Carlos bestimmt nicht – ist sofort etwas Offenbarendes für uns. Wir können darin eine Parallele zu Pfingsten sehen: in der Mitte der Pharao, links und rechts Gottheiten.

Und jetzt, ich muß kurz unterbrechen, jetzt kommt die im dritten Kapitel angekündigte Überraschung: Die linke Gestalt ist der Gott Thot, am Ibis-Kopf erkennbar, also Hermes Trismegistos! (die rechte der Gott Horus mit dem Falkenkopf).

Die Verknüpfung besteht also darin, daß der Be- und Ergründer der Kosmischen Gesetze hier präsentiert wird im Zusammenhang zum „Neuen Pfingsten", wie dies nun erläutert wird: Diese beiden Gottheiten gießen aus Krügen (= Bezug zum Wassermann-Sternzeichen!) über den Pharao statt Wasser – ja, ihr müßt genau hinschauen! – lauter kleine Ankhs, das ägyptische Henkelkreuz, das ewiges Leben bedeutet. Damit hat dies sicherlich etwas zu tun mit dem Totenkult im Alten Ägypten, also der rituellen Vorbereitung für den Übergang ins Jenseits, ins Weiterleben.

Wir sehen, wie aus höheren Ebenen uns als Menschen etwas zuteil wird, ein Strömen, etwas mit einer tiefen geistigen Bedeutung, und so können wir darin etwas mit Pfingsten Vergleichbares erkennen, unabhängig von zeitlicher Einordnung, und so eine Verknüpfung herstellen zwischen dem Wassermann-ZEIT-Alter, dem Pfingsten der Neuen Zeit, das für uns alle gilt, und nun noch in dem Papyrus als Bestätigung dieses ZEIT-losen Zusammenhangs sehen: Wir empfangen hier unten von oben einen Segen.

Das Ankh, das ägyptische Henkelkreuz

Vor mir liegen einige Notizzettel, die mich dazu veranlassen, diese bisherigen Gedanken zu erweitern hin zu Verknüpfungen, die mir bisher nicht bewußt waren, die ich euch aber nicht vorenthalten möchte. So ergibt sich eine konzentrierte Zusammenfassung mit weiteren Erkenntnissen, die über den bisherigen Inhalt hinausgehen. Dies möchte ich euch so knapp wie möglich übermitteln.

- Wir befinden uns am Beginn des Wassermann-ZEIT-Alters. Das Sternzeichen zeigt den Mann, der den Krug auf der Schulter trägt, mit Wasser gefüllt, das als geistiger Segen über uns ausgeschüttet wird.

- Auf dem Papyrus sehen wir eine vergleichbare Szene: Zwei Gestalten aus einer höheren Ebene (ägyptische Gottheiten) gießen über den Pharao – stellvertretend für uns Menschen – das Wasser des Lebens aus, symbolisch, mit den vielen Ankhs.

- Daß die linke Gottheit, der Gott Thot, der Gott der Weisheit in der alten Mythologie, identisch ist mit dem Begründer der Kosmischen Gesetze – darauf bin ich erst vor Kurzem in alten Aufzeichnungen gestoßen, die ich im Zusammenhang mit den Kosmischen Gesetzen hervorkramte. Dabei stieß ich auf das Wort „Ibiskopf" als dessen Erkennungszeichen. Dann erst schaute ich auf dem Papyrus genauer hin und sah: Thot = Hermes Trismegistos – gelobt sei alles alte Aufgehobene!

- Nun als nächsten Schritt zu „Pfingsten": In beiden Darstellungen – Wassermann, Papyrus – sehe ich einen Bezug zu Pfingsten, da beides Mal es um einen „Segen von Oben" geht

- Eine weitere Verknüpfung ergab sich für mich dadurch, daß in dem Pfingstereignis bei den Jüngern Jesu „Flammen gesehen" wurden als Zeichen ihrer

Erleuchtung, aber, wie ich glaube, ist das nicht symbolisch gemeint, sondern ein wirkliches Geschehen: Das Kronenchakra wurde ihnen geöffnet und sie wurden eins mit ihrem himmlischen Körper (in diesem Teil II erstes und zweites Kapitel), konnten dadurch in dieser absoluten Bewußtseinserweiterung ihre Mission in der Welt beginnen.

- Diese „Flammen" führten mich zum indischen Abbild dieser Erleuchtungskraft, dem „Agni", übersetzt mit Feuer.

AGNI

- Die Erscheinungsform dieses Agni läßt in mir einen Zusammenhang erkennen zu dem Geschehen, als Jesus von Johannes dem Täufer im Jordan getauft wurde und da die Rede ist von einer Erscheinung „wie eine Taube" über dem Haupt Jesu, dazu die Worte von oben „Dies ist mein Sohn, an dem ich Gefallen habe".

Die Umrißform des Agni kann man mit einem Vogel mit ausgebreiteten Flügeln assoziieren. – Ich glaube, daß bei Jesus dies genauso eine Kraft des himmlischen Lichtes, eine Einweihung, eine Erleuchtungskraft war wie drei Jahre später zu Pfingsten bei seinen Jüngern. Und auch hier ist es so, daß Jesus nach dieser Taufe seine dreijährige Mission, in völliger Übereinstimmung mit dem Willen Gottes, antreten konnte.

Wir können in allem das gleiche Geschehen sehen, das, unabhängig von ZEIT, auch uns zuteil wird: Wir dürfen auch heute an dieser „Ausgießung" teilhaben.

Dies wirkt sich aus, dieses verstärkte Einstrahlen von Energien aus dem Kosmos, aus höheren lichten Sphären, in einem Anheben unserer Schwingungen. – Doch – wie kommen wir damit zurecht? Denn nun wird alles herausgespült, was bisher noch im Verborgenen war.

Dies ist eine ZEIT der Offenbarung – es wird alles offenbar, auf allen Ebenen – in uns persönlich bis in die weltweiten politischen Bereiche. Es kommt alles „ans Tageslicht" – und auch in uns geschieht diese Läuterung, dieses Erwachen, in jedem von uns, denn wir sind Teil der Menschheit, die Er ins Leben gerufen hat, der Er Seinen Odem eingehaucht hat – für immer und ewig! – Wir sind alle gemeinsam in demselben Entwicklungsstrom, der „Leben" heißt.

Begreifen wir dies, so können wir nur überglücklich und dankbar sein – für unser Sein – auch, wenn wir nicht begreifen, warum uns diese Gnade zuteil geworden ist.

Mögen wir unser Leben in diesem Sinne zu schätzen wissen!

Vielleicht ahnen wir langsam, welchen Platz er uns in der Schöpfung gegeben hat, welche Bestimmung, in diesem unendlich weiten ZEIT-Raum.

Wenn wir uns dann auch noch unserer Verantwortung bewußt werden, dann können wir uns in Einklang mit dem Großen Ganzen fühlen.

Alles ist ineinander verwoben – mit den Worten von Laotse: „Das Gewebe des Sinns".

Wir sind ja dabei, in allem immer mehr einen Sinn zu erkennen und Zusammenhänge zu verstehen.

So ist dies fast schon der Abschluß zu dem Thema „ZEIT", doch eine Ergänzung möchte ich noch hinzufügen hinsichtlich dessen, in welcher ZEIT wir uns jetzt befinden, nämlich in einer Übergangs-ZEIT von – zu, ja, es deutet sich viel an und auf der Grafik, die sich auf diese Übergangsphase bezieht und die zeigt, wie in einer ständigen Weiterentwicklung eins das Andere ablöst, werdet ihr außer dem bisher Besprochenen – vom Yang- in Yin-ZEIT-Alter, vom Fische- ins Wassermann-ZEIT-Alter – auch noch entdecken: von der dritten in die vierte Dimension (siehe viertes Kapitel).

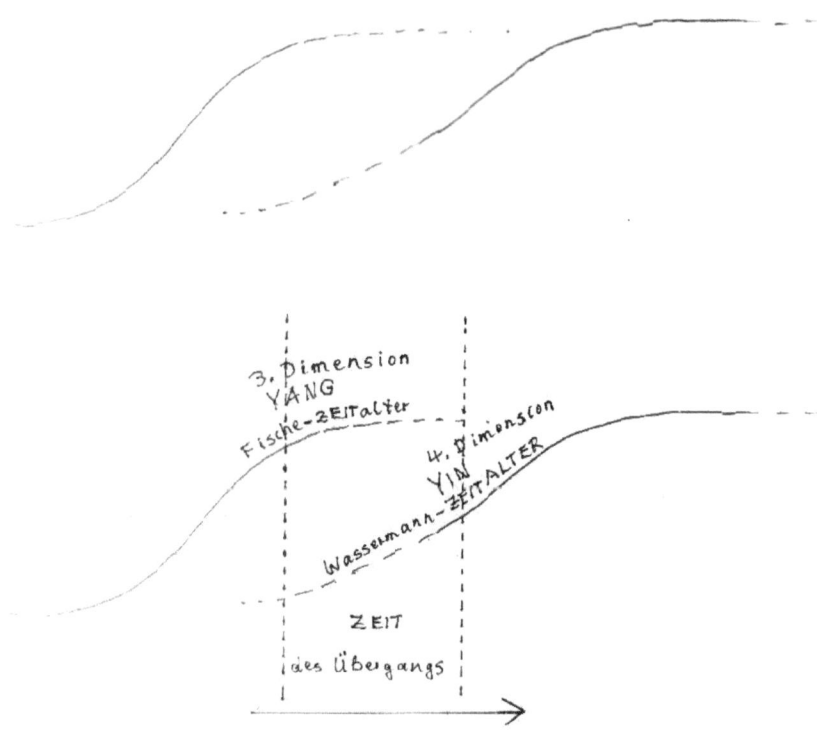

Ja, das gehört dazu, wir sind schon am Beginn der vierten Dimension; es wird spannend sein, wie sich dies weiter auswirkt, wie wir mit diesen Impulsen, diesem Einströmen von Höheren Energien zurechtkommen, was im Sinne des Plans unseres Schöpfers für uns als Segen vorgesehen ist. – Sind wir bereit dazu?

Nun ist dies doch, wie ich es zu Beginn ahnte, das längste Kapitel geworden. Aber wenn es um „ZEIT" geht, muß man sich eben auch ZEIT nehmen!

Und ihr euch bitte auch, beim verinnerlichenden Betrachten der Zitate zu Beginn, in aller Ruhe – Laßt wirken, was in euch wirken möchte!

Die obere Zeichnung bezieht sich auf das Kosmische Gesetz „Alles fließt". Während die eine Entwicklung – wie eine Welle – auf ihrem Höhepunkt angekommen ist und die Auflösung des Alten sich anbahnt, ist schon gleichzeitig darunter das Neue am Entstehen. Eins löst das Andere ab.

Zur unteren Zeichnung: In dieser Übergangs-ZEIT, in dieser ZEIT des Wandels, in der sich die alten Strukturen noch behaupten möchten und sich das Neue erst behutsam in einem Bewußtseinswandel zeigt, treffen Gegensätze aufeinander, die sich in Krisen, in Konflikten bis hin zu Kriegen äußern. Manchmal muß etwas bis auf die Spitze getrieben werden, bis es im Bewußtsein der Menschen dämmert: So geht es nicht weiter!

Und dann kann aus diesem schließlich allgemein gültigen Verständnis auch eine Handlungsveränderung erfolgen.

Und in genau diesem Prozeß befinden wir uns jetzt.